D.カーネギー協会◆編
片山陽子◆訳

D.カーネギーの成長力

Dale Carnegie
Living an Enriched Life

創元社

Living an Enriched Life
By Dale Carnegie & Associates, Inc.

D・カーネギーの成長力◆目次

はじめに――人が成長するために必要なこと◆007

第1章 自信を育てる◆015

自分をだめにする思考パターン◆018
自信を育てる四つの作戦◆020
自信のある人はリスクを負う◆024
冒険するときの二つの原則◆026
自信があって積極的な人は、攻撃的な人ではない◆028
他者の自己評価を向上させる◆030
まとめ◆032

第2章 真の情熱をもつ◆033

情熱は成功への秘密兵器◆036
情熱をわき上がらせる◆039
知識は情熱の泉◆041
情熱は突破力◆043
自分を激励する方法◆044
逆境を乗り越える◆045
成功を呼ぶ姿勢◆048
思考を管理する◆050
情熱を行動へと導く◆052
情熱を奮い立たせて目標を達成する一〇の心得◆052
まとめ◆056

第3章 ゴールを設定し、達成する◆057

夢は成功の始まり◆058　夢を目標に転換する◆061　思考は現実の「型紙」◆063
成功への資本を調べる◆065　一心不乱になる◆067　目標をもつのに遅すぎることはない◆067
じょうずな目標設定のための一〇の助言◆069　目標設定とプランニングの八つのステップ◆075　まとめ◆079

第4章 印象のいい人になる◆081

「成功者のイメージ」をもつ◆082　人柄は獲得できる◆083　いつも明るい心でいる◆084
いい第一印象をつくるポイント◆086　他人に関心をもつ◆088　電話の第一印象◆089　職場の第一印象◆091
手紙の第一印象◆092　ボディランゲージが多くを語る◆093　フィードバックを利用する◆095
「大人物のイメージ」に近づく◆096　堅固な自己イメージを育てる◆098　まとめ◆100

第5章 モチベーションを高める◆103

モチベーションとは何か◆105　夢を現実に変えるのは自分◆106　的をしぼる◆108
批評をはかりにかける◆110　仕事を楽しむ六つの方法◆111　仕事をおもしろくする◆114

落胆に身を任せない◆117　心の炎が消えないうちに◆117　思考という動力◆119
やると決めてかかる◆120　モチベーションがアイディアを生む◆120　日々前進することの意義◆122
まとめ◆123

第6章　もっとポジティブになる◆125

楽天家であれ◆126　成功者はポジティブに考える人◆127　抜きん出る秘訣◆128
成功報酬をめざして奮闘せよ◆129　悩みを探してはいけない◆131
批判しない、非難しない、小言も言わない◆134　オプティミズムが成功を呼ぶ◆135
闇を締め出し、光で満たす◆136　心の不和を和に変える◆139　断言する◆141　まとめ◆143

第7章　勇気を奮い起こす◆145

のめり込む勇気◆147　信じる勇気◆148　拒絶を恐れない◆149　最悪の事態を想定する◆149
ここ一番の勇気◆150　自らの役割を信じる◆151　勇気ある人物◆153　成功への大道を行く◆157
成功物語から学ぶこと◆159　使え、さもなければ失う◆161　理想に目を据える◆162
勇気を呼び、恐れを追い払うアファーメーションの力◆163　セルフトーク◆164　優柔不断を追い払え◆165
まとめ◆167

第8章 立ち直る力を養う◆169

人は失敗から学ぶ◆169　失敗の原因を探す◆171　リスクの最小限化◆172　代案を用意する◆172
めげない心をつちかう◆173　部下には失敗する権利がある◆174　部下を立ち直らせる六つのステップ◆175
へこたれない強さと新発想◆178　方向を転換する◆180　目標の見直し◆181
かつて成功した場所へ戻る◆182　昇進の考え方◆184　昇進できなかったときに自問すべき一〇の問い◆187
運命は自分で開く◆188　敗北から立ち直る方法◆189　「心配」を「関心」に変える◆192
憂うつな気分を吹き飛ばす◆193　まとめ◆194

デール・カーネギーの原則◆197

人にもっと好かれる人間になる三〇の原則◆197　悩みを乗り越える基本的原則◆199　悩みを分析する基本的テクニック◆200
悩み癖を寄せつけない六つの心得◆200　心の姿勢を養い、安らぎと幸せを呼ぶ七箇条◆201
デール・カーネギーについて◆202　デール・カーネギー協会について◆204　編者について◆205

装幀◆日下充典

はじめに
人が成長するために必要なこと

年を取るにつれ、私は生きる姿勢というものの大切さを
ますます痛感するようになった。
私には生きる姿勢のほうが、事実よりももっと大事なように思われる。
過去よりも、教育よりも、
お金や環境、失敗、容姿、才能や技能などのどれよりも重要だと思う。
仲間や、教会や、家庭や、
そういうさまざまなものをつくり上げるのも、
また壊すのも私たちの姿勢だ。
驚くべきことは、私たちは

その日を生きる姿勢を毎日選べるということだ。
人は変えられないものは変えられない。
人に唯一できることは、自分がもっているひとすじの弦を奏でることだ。
自分がもっているひとすじの弦、すなわち自分自身をどう奏でるかだ。
私はこう信じているのだが、
人生とは一〇パーセントが身に降りかかったこと、
そして九〇パーセントが、それにどう反応するかである。
あなたの人生もそうなのだ。
心の姿勢が私たちの手の内にあることを忘れてはいけない。

デール・カーネギー

豊かな人生を生きること、それは万人の願いだ。誰もがこの地上で生きる年月から、より多くのものを得たいと願っている。人は人生の三分の一を寝て過ごし、もう三分の一を仕事や家族の世話に使い、そして運がよければ残りの三分の一の時間を遊びや文化的、宗教的な活動に使うか、あるいはただぶらぶらして過ごしている。それにしても満足のいかない仕事にあくせくし、なけなしの自由時間を実りのない気晴らしに費やして、退屈なぱっとしない人生をおくっている人々がなんと多いのだろう。

この本では、私たちがなぜこういう人生の落とし穴に落ちてしまうのかを考えたい。そして問題を克服して、もっと生産的で満足のいく、よりよい人生に踏み出せるように、いくつかの指針を提供したいと思う。

◈自信について

最初に考えたいのは「自信」についてだ。何であれ始めたことは必ずやり遂げられるという自分への信頼感は、満足な意味深い人生を生きるのに不可欠なものだ。仕事や新しい事業に、あるいは私生活にさえ成功できない人が大勢いるのは、第一にはこの重要な要素が不足しているからだ。どうして自信がもてないのか？　子供のころや若いときに何か大失敗をしたことがあって、またそんなことになるのが怖いというのが最もよくある理由だ。あるいは親や教師や上司などが一度も満足してくれず、自分はだめな人間だと思うようになったという人も大勢いる。また一度は成功を味わったものの、その後は失敗続きでだんだん臆病になり、何事にも自信がもてなくなったといった人もいるだろう。第1章ではこういう気持ちを克服し、自信と力強い自己イメージを養い、維持する方法を学ぶ。

◈情熱について

偉大な人々の人生を研究すると、政治、ビジネス、科学、芸術など分野の違いはあっても、誰もが共通に抱いていたのが仕事と人生への激しい情熱であることがわかる。情熱は成功者のほとんどにとって成功への秘密兵器だった。同時に幸福の発生装置でもあった。

情熱は人に対する態度を変える。仕事に対する態度、世界に対する態度を変える。つまらない人生と豊かな人生のあいだの大きな差をつくる。

◆ゴールについて

成功者は必ず最初にゴールを設定している。仕事や人生に目標を立てている。目標を立てて、その達成をめざすことは、成功への長い道のりになくてはならない第一歩だ。行きたい場所がわかり、どうやってそこへ行くかがわかれば、時間とエネルギーと精神を集中させられ、正しい方向へ踏み出すことができる。人を奮い立たせ、高い業績へと誘うような目標の立て方や、コースを外れることなく、障害を乗り越えて確実にゴールへ到達できる方法を学ぶ。

◆印象について

人に与える印象は、相手から信頼されるかどうか、気に入ってもらえるかどうかの最大の決め手だ。

温かい、人を包み込むような印象は、自分で育てることができる。印象をつくっている要素のいくつかは、すなわち容姿や基本的な知能やある種の才能などは、生まれながらのものかもしれない。だが私たちは誰でも内なる特性を最大限に活用し、人から感心されるような印象を育てる力をもっている。

理想どおりの人物になるのは簡単ではない。しかし強い欲求と努力があれば、社交的で陽気で楽天的で前向きな態度、つき合う相手の誰からも好かれ、ほめられ、あこがれられるような人物像は育ちはじめる。よい第一印象をつくり、維持し、向上させる方法を学ぶ。

◆モチベーションについて

目標を達成したいとただ願っているだけではいけない。つねに欲求や野心の「世話をする」こと、目標から目を離さないこと、そして実現への努力を怠らず、健康で健全でいることが必要だ。これが夢を現実に変えられる唯一の道だ。目的の達成に向かって自らモチベーションを高める方法を探りたい。また、つまずいたときに立ち直って前進するためのテクニックも学ぶ。

◆ポジティブであることについて

これほど私たちのためになる習慣は他にないだろう。それはどんなときにも希望を失わず、事態は必ず好転すると信じること。自分たちはきっと成功し、何が起ころうとも、また起こらずとも幸せになると信じていることだ。

つねに最良のもの、最高のもの、最も幸福なものを期待し、決して自分を悲観的な暗い気分にさせない――そんな楽天的で希望に満ちた態度ほど、人生に役立つものはない。
前向きでいることがつねに容易とはかぎらない。とくにものごとが計画どおりに進まないようなときは、なかなか難しい。ネガティブな気持ちを克服し、どんな問題が降りかかろうとも肯定的で決然とした思考をもつすべを身につけることだ。

◆勇気について

成功する人々は、アイディアを実行に移す勇気をもっている。心から信じる計画には、お金と努力と期待を惜しみなく注いでいる。

仕事や人生を向上させたければ、リスクを負うことは避けられない。綿密に分析すれば、失敗の可能性は低くなる。だがゼロにはならない。痛みなしでは得るものもないということだ。いつも安全策を取っていれば、痛みは避けられるかもしれない。だが多くの障害を乗り越えてゴールを達成したという、震えるほどの喜びも満足感も決して味わえないだろう。

◆立ち直りについて

経験とノウハウがあっても、つねに成功できるとはかぎらない。失敗するのは仕方がないが、その失敗に打ちのめされたままではいけない。まちがいから学び、学んだことを活かして失敗を乗り越えることだ。

失望や落胆は尾を引くことが多い。何をする気もなくなり、自信はぼろぼろになる。

なるべく早く適切な手を打たないと、自己憐憫、敗北感、不幸感が根づき、精神はますます荒廃する。挫折の心理的影響をどうあつかうか、どうやって気持ちを立て直すかを探る。

本書を十分に役立てるには、まず全体を通読して「人間的成長」についての考えを大まかにつかみ、それから一章ずつ読み直して、各分野のアドバイスに従うことを始めてほしい。それが豊かな人生への第一歩、成功への大きな一歩であると信じている。

編者◆アーサー・ペル

第1章 自信を育てる

自分を信じなさい。自分の力を信頼しなさい。自分の力量について謙虚ではあれ、相応な自信がないことには、成功もできないし、幸福にもなれない。

デール・カーネギー

新設の部に部長職が置かれることになったとき、ラリーはよほど志願しようかと思った。だがしばらく考えて、こう独り言を言った。「昇進したい気はするけど、そういう仕事がぼくの手に負えるとは思えないものな」

スーザンは能率が上がりそうだと思った方法を上司に提案したが、いくつか欠点を指摘された。

そのときこう思った。「だめね、私は。考えが足りないのよ。落第だわ。もう提案なんか二度としない」

クレアは通っている教会で委員会の議長を引き受けてほしいと言われたが、その晩、夫にこう話した。「でもね、そうなったら教会のみんなの前で話をすることになるでしょう。そんなことできっこないわ、私には」

セールスパーソンのエリオットは今年の最初の三カ月間、社内でトップの販売成績を上げた。だが四カ月目に入ると売り上げが急落。「あれは運がよかっただけ。運なんて長続きしないよ。いまはノルマを達成するだけで精いっぱい。これが実力だよ。こうなるのはわかっていたんだ」

これらの男女の問題は何か？　それは自信がないことだ。彼らはみな自分を基本的には「敗者」とみなしており、ピラミッドの最底辺から一生浮かばれないと思い込んでいる。

誰でも自分の能力や力量が信じられなくなって、自信を失うことがある。そのうえ悪いことに私たちは他人の評価をひどく重視する。自分や自分の能力をどう感じるかが、他人からどう思われたかに大きく決定される。そういう心の姿勢が、失敗を恐れて冒険しないという態度にもつながるし、自分をけなしたり、せっかくのいい評価を割り引いて聞く癖をつけたりもする。有害な思い込みを根づかせて、自分をだめにするような思考パターンや悲観的な態度を定着させる。

自信は、自尊心や自己評価の根幹をなすものだ。自分の下す決定に自信をもつには、まず自分自身を信じていなければならない。自分はなにがしかの価値のある者だと心から感じている必要がある。もしもそういう自己評価がなかったら、自分の決定が価値あるものだという自信をどうやってもったらよいのだろう。

自分が自分をどう思うかより、他人がどう思うかを私たちは重視しすぎている。二〇世紀半ばの牧師で著述家のウィリアム・ベッカーは、こう忠告した。「世間にどう思われるかなど気にしてはいけない。そんなものは過小評価や過大評価かもしれないのだから。あなたの真の値打ちが理解されたのでないかぎり、あなたの成功は、あなた自身が自分をどう思うか、自分を信じているかどうかにかかっている。だから他人が誰一人信じてくれなくても成功できるが、あなたが自分を信じていなかったら、決して成功はできない」

偉大なギリシアの哲学者で奴隷の出身だったエピクテートスは「自分自身の主人でない者は、自由の身ではない」と言った。自分の能力に自信をもち、成功への決意を信じていないかぎり、私たちは目標達成への道に踏み出すことすらできないだろう。自分に大きな期待をかけるべきだ。その信念が私たちの最良のものを引き出してくれる。古い格言にはこうある。

人生という闘いには
強い者や速い者でも必ず勝てるとはかぎらない。
しかし自分が勝てると信じる者は
遅かれ早かれ必ず勝てる。

自分をだめにする思考パターン

自信のない人間は、自分のことをどう思うかを考えるとき、他人の考えをもとに決めている。失敗が怖くて冒険できず、だいたいに自分が成功するとは思っていない。自分をけなしたり、よい評価を割り引いて聞いたりして、有害な思い込みを自分のなかに根づかせ、自分をますますだめにするような思考パターンや悲観的な態度を定着させる。自分をだめにする思考パターンとはつぎのようなものだ。

◆短絡する

上司に提案を批判されたときのスーザンの反応がこれだった。たった一つの失敗で、こう思い込んでしまう。「私なんか、ろくな仕事ができない落第社員だわ」

◆悪いほうへ悪いほうへと考える

あらゆる曲がり角の向こうに災難が潜んでいて、全部自分の身に降りかかるという考え方。何かちょっとした失敗をしたり、一言批判されたりすると、悪い想像がどんどんふくらんで、お先真っ暗になる。「あのプレゼンテーションをしくじったんだもの、もう昇進なんか絶対に無理だよ」というように。

◆悪い点だけに目がいく

出来のよいところの何倍も悪いところを重視する。エリオットの反応はこれだ。「前の四半期は社で一番の売り上げだったけど、あれは運がよかっただけ。いまはノルマを達成するだけで精いっぱい。これが実力だよ」

◆「こうあるべき」を重視しすぎる

「こうあるべき」という主張は私たちを完璧に向かって押し上げていくが、それには現実的な現状把握がともなわなければならない。現状がつかめれば、そこから出て「あるべき」ところへ向かうプランが立てられる。私たちはたびたび、現実のありさまをただながめ、「あるべき」ところにほど遠いのを知って不安で身動きできなくなる。そういうときは立ち止まることだ。立ち止まって現状に目を凝らし、耳を澄ませば、また前進できる。

◆「安心な居場所」から出たくない

私たちは子供時代から「安心な居場所」をつくってきた。サリーの家では父親がすべてを決めた。子供たちはその場にいてもいいが、おとなしく静かにしていなければならなかった。いま彼女は大人として、また妻や母親や職場の一員として、意思決定を求められるのがとても苦手だ。

チャーリーは米国陸軍の管理部隊で下士官として長年服務し、軍の法規をよく勉強して忠実に従った。退役して初めて民間の職に就いたが、仕事にうまくなじめなかった。その会社には文書化された規則のようなものがなく、何に従ってよいかわからなかったのだ。

地方都市のブティックでティーンエイジャー用衣料の買い付け係をつとめるサンドラは、上司からファッションショーのナレーションを頼まれて途方にくれた。一人ひとりのお客さんと話すのは慣れていたし楽しかった。しかし大勢の前で話すというのは、慣れ親しんだ場所から引きずり出されることだ。そのとき上司は彼女にデール・カーネギー・トレーニングを受講して、そういう問題を克服してはどうかと提案する。

デール・カーネギーがこの種の不安感を克服するのに開発した手法は、講座の参加者の一人ひとりに毎回少なくとも一度のスピーチを求め、他の参加者がそれを評価し励ますというものだ。この手法は九〇年以上も前からデール・カーネギー・トレーニングにて使われ、何万人もの参加者が取り組んでいる。同じ手法に取り組んだサンドラは問題を克服し、いまや年に何回ものファッションショーでナレーションを担当するまでになった。

つぎにあげる方法は、自分をだめにする思考パターンを克服し、自信を育てる助けになる。

1◆長所に注目する

自己イメージのポジティブな領域、すなわち長所やいい性格など、自分の好ましい側面に注目することによって、自分を一人の人間として受け入れることができる。好ましい側面に注目すれば、自信も自己評価も大きく向上する。

自分の長所ではなく短所にばかり目がいく人があまりに多い。そうやって、よい効果よりもはるかに大きい害を被っている。人は自分で自分を助けなければならない。自分自身が長所に目を向ければ、他人も私たちの長所に注目してくれる。

2◆過去の成功に注目する

かつての成功や業績に注目することで、そういう素晴らしいことのできた自分を見直すことができる。

他人の失敗を指摘したがる人がとても多いせいで、私たちは何かと悩みがちだ。しかしそんな時間を、これまでになし得た成功について考えることに使えば、世界の景色が変わるだろう。

それに重宝なのが「成功リスト」をつくることだ。いままでの成功や業績をすべて拾い出してリストにする。最初から思いどおりの完璧なリストをつくるのは難しいかもしれないが、根気よく取り組めば、リストの項目も増えるし自信も増す。

フロリダ州オーランドの不動産会社でセールスを担当するヘンリエッタは、お客さんからお礼状をもらった。彼女のおかげで「理想のわが家」が見つかったというのだ。それを鼻高々で職場中に見せてまわったところ、上司から、そういう手紙を綴じ込んでいくファイルをつくるといいと言われた。「それがあなたの『成功ファイル』よ。何かつらいことがあっても、それを見ればきっと元気が出るわ。そういう手紙は、以前にこんなすごいことができたんだから、きっとまたできるっていう証拠なのよ」

ヘンリエッタはこのアドバイスに従った。しかし成功しても必ず手紙をもらうとはかぎらない。そこでそのファイルに「成功日記」も添えることにした。そこに手柄と思うことをすべて書き込んでいく。たとえば難しい成約を取りつけたとか、大手建設会社から新築物件の販売権を獲得したとか、月間売り上げがトップだったとか。

スランプや業績不振の時期は誰にも訪れる。ヘンリエッタも例外ではなかった。ほとんど決まっていた成約が流れたときや、何をやっても売れないとき、あるいはただ気分が晴れないときも彼女は「成功ファイル」を開いた。手紙を読み返し、日記をながめた。そうやって自信とやる気を取り戻し、いつもの自分に返っていった。

3◆セルフトークで自分を励ます

前記の二つの要素、すなわち「長所」と「成功体験」を使って、自分を激励する文句をつくる。裏づけのある言葉で励ませば、まさにそのとおりだという気持ちになれる。

スポーツではチームが不利になると、コーチが選手に檄《げき》を飛ばす。私たちのコーチは自分。だから自分で自分に檄を飛ばそう。どんな言葉で？　れっきとした証拠のある信憑性の十分な主張がいい。証拠が強力で説得力があればあるほど力強い、効果満点の「セルフトーク」ができる。

セルフトークは、誰でもときどきは必要になる自分との対話だ。自分の思考という、本来はつねに自分が支配できる唯一のものに対して、支配力を取り戻す道具だ。言いかえるなら、自信を取り戻すには、自分を精神分析する必要があるということだ。

ヘンリエッタは「成功ファイル」を読み直し、そこに綴じ込まれているいろいろな証拠をもとに自分を激励するセルフトークをつくった。それを心のなかで何度もくり返すと、まさにコーチの熱い応援を浴びたかのように、やる気がむくむくとわいてきて、必ず成功してみせるという気持ちになれたのだった。

自分に四六時中言い聞かせていると、勇気や喜びや、力強さや安らぎに満ちた考えが自然に浮かぶように自分をしつけることができる。感謝すべきいろいろなことを自分に言い聞かせていると、

空高く舞い上がって歌うような考えで頭をいっぱいにできる。

デール・カーネギー

4◆ほしいものを手に入れた自分を心に刻む

a◆達成したい目標を頭にしっかり刻みつける。「将来性のある職業に就きたい」といった漠然とした言い方ではなくて、なるべく具体的に、「市場調査のスペシャリストとして、管理職に昇進できるチャンスのある組織で働きたい」というように。

b◆目標達成への具体的なプランを立て、準備が整っているかどうかにかかわりなく、直ちに実行に移す。

c◆目標とその達成のために何をするつもりかを簡潔な言葉にして紙に書き表わす。

d◆書いたものを一日二回、声に出して読む。夜、寝る前と朝、起きたときがいい。そして読むときには、その目標は達成されたものと思い、その光景を目に浮かべ、気持ちを味わいながら読む。

自信のある人はリスクを負う

新しい経験に取り組むときには、一か八かの勝負という気持ちではなく、学びの機会だと考えるといい。そうすれば新たな可能性が開かれる上に、自分を受け入れやすくなる。逆にそう考えないと、失敗が怖くて何もできない、何にも挑戦できないということになり、人間として成長する機会を失う。

決して冒険しない人、リスクを負わない人がいる。つねに安全第一の人々だ。彼らはおそらく月並みな業績しか上げられないだろう。本当の成功は決して得られない。失敗の危険を避けることで、敗北の苦しみは避けられる。しかし震えるほどの勝利の喜びを味わうことも決してない。

冒険しなさい。人生は賭けなのだから。遠くまで行けた者は、たいてい自ら行きたいと思い、思い切って行ってみた者だ。安全第一にしていたら、船は岸から離れられない。

デール・カーネギー

カメは歩く要塞だ。その堅い甲羅はどんな攻撃からも身を護ってくれる。しかし動きたいときは、その甲羅から頭と首を突き出して周囲の危険にさらさなければならない。ちょうどそんなふうに、私たちも前進したければ、堅い護りのなかに閉じこもっているわけにはいかない。頭と首を突き出さなければ進めない。

冒険するというのは、向こう見ずになれということではない。分別のある人は、それなりのリスクしか負わないので、危険性は明らかに低い。一方で有能な経営者はどんな決定を下すときにもリスクを負う。ただし決定を下す前に入念に調査し分析して、成功の可能性を最大限に高めている。それでもいよいよ決断を下すというときには、ある程度のお金や時間やエネルギーや期待を失う危険はおかさなければならない。リスクを負うことなしに儲けることはできないのだ。

レッドソックスに二対一でリードされた九回裏、ツーアウトで打席についたヤンキースの四番打者デーヴ・ウィンフィールドは、直球を叩き返した。やった、クリーンヒットだ！　ウィンフィールドは一塁へ疾走。ここはゆうゆう間に合ったが、さらに二塁へ走るべきか？　一塁で止まるという安全策を取るか、それともあえて進塁して得点圏に身を置くかを彼は一瞬で判断しなければならない。失敗したらゲームは終わり。だが思い切ってやってみれば逆転勝利も夢ではない。ウィンフィールドはやってみる人間だった。成功する可能性のほうがほんのわずかでも高ければ、得点をねらった。チャンピオンとは自信のある人だ。スポーツでも人生でも彼らは冒険する。だからこそチャンピオンになれるのだ。

冒険するときの一つの原則

デール・カーネギーは著書の『道は開ける』のなかで、困難にみまわれたらどうするかをアドバイスしている。「まずは、起こりうる最悪の事態は何かを自問しなさい。そして、その最悪の事態を受け入れる覚悟をする。それから、その最悪の事態が少しでもましになるような努力をする」。この原則は、問題に革新的なやり方や過激なやり方、あるいはたんにこれまでとは異なる方法で取り組んでみたいときにも応用できる。

ギル・ベッカーは、ぜひとも顧客になってもらいたい仕入部長のスタン・グリーンに、まだ面会の約束を取りつけることができなかった。電話もかけたし手紙も書いた。会社の玄関先で「待ち伏せ」までした。なのにまったく成果がない。同僚からはグリーン氏のことはもう忘れて、他の得意先の開拓に時間とエネルギーを使うべきだと忠告された。それでもギルはあきらめたくなかった。グリーン氏をふり向かせる方法が何かきっとあるはずだ。彼はグリーン氏がある業界のセミナーで講演することを知った。「そのセミナーに出席すれば、講演が終わってからそばへ行って何か質問できるかもしれない。そのあと自分と会社の名前を言えば、少なくとも、ああ、あの男かと思い出してもらえるんじゃないか?」

上司の販売課長や同僚たちはこれに大反対。「そんな見え透いた手を使ったら、彼は腹を立てて、もううちの社の誰とも会ってくれなくなるよ」

そのときギルはカーネギーの原則を使うことにした。「考えられる最悪の事態は何か?」――もう、うちの社と取引してもらえなくなる。でもこれはそれほど悪いことじゃない。だって、いまだって取引していないわけだから、失うものは何もない。「その最悪の事態を受け入れる」――そのセミナーでうまくいかなかったら、そのときこそあきらめよう。「最悪の事態がいくらかでもましになるように努力する」――どういう質問をするかをよく考えておけば、ぼくが彼の仕事について十分知識があることを証明できる。そうすれば会ってみる気になってくれるかもしれない。

ギルはこの冒険に踏み切った。そして長いあいだ取りつく島もなかった相手をついにふり向かせ、きわめて有利な取引先の開拓に見事成功する。

仕事でも人生でも、進歩したければ必ずリスクを負わなければならない。綿密に分析すれば、失敗する可能性はぐんと低下するだろう。だがゼロにはならない。痛みなしでは利益は得られないのだ。つねに安全策を取っていれば、痛みは避けられるかもしれない。だがそうしていると、幾多の障害を乗り越えてゴールに到達したという途方もない喜びや満足感も、決して味わえない。

自信があって積極的な人は、攻撃的な人ではない

自信があって積極的な人は、決して自分勝手でも攻撃的でもない。人をぐいぐい引っ張っていくような大胆さは、たいていの人が頼もしく思い、高く評価するだろう。だがそれも、やり方に気配りがなかったり無神経だったりしなければの話だ。

世間の成功の多くは、個人的なものでも企業や団体のそれでも、私たちが知るかぎり、個人やグループが積極的に、果敢に事を進めていった結果である。しかしその「積極的」については、

攻撃的あるいは消極的との違いにかんしていろいろな誤解があるようだ。積極的な行動とは、こう定義される――相手の基本的な権利を侵害せずに自分の主張を貫く行動。

積極的な態度でいられるか、それとも攻撃的になったり消極的になったりするかは自己評価に根本的な原因があることが多い。デール・カーネギーの人間関係づくりの原則は、自己評価の不足を埋め合わせて、このバランスを保たせてくれる。人を「下に見る」のでも「下から見る」のでもなく、人と「並んで」歩き、双方とも満足のいく結果を手にする方法を提供する。力強さと気配りとが一つになった積極的な態度や話し方は、良好な人間関係を築くのになくてはならないものだ。

つぎに、自信に満ちた積極的な態度と、攻撃的、消極的な態度の違いをしめす。

積極的な態度	攻撃的な態度	消極的な態度
自分の権利を守るが他人のそれも尊重する	自己中心的	自分が不利益を被るほど他人に気をつかう
ストレスフルな状況があれば、対処して乗り越える	ストレスがあることが多い。他人のストレスになることも多い	外には表われなくても心理的ストレスがある
力強い自己イメージがある	自己評価の低さの表われのことが多い	自己評価の低さの表われのことが多い
率直で、正直で、適切なコミュニケーション	率直すぎて不適切なコミュニケーション	率直でないコミュニケーション。自分に正直でないことも多い

積極的な態度	攻撃的な態度	消極的な態度
尊敬されることが多い	人に好かれない。尊敬されない	好かれることは多いが、尊敬されることは少ない
人をほめる	人をけなす	自分を犠牲にしても人をほめる
自分の行動に責任を負い、他人にもそうすることを求める	あらゆるもの、あらゆる人を支配したがる。自分ではなく他人に責任を負わせる	自分は責任を負うが、他人には求めない
手本をしめすことによって人を率いる。対立を求めることも避けることもしない	対立的。人を強制的に従わせる	対立を避けたがる。謝罪しすぎることも多い
柔軟な指針を与える	束縛的	自分には厳密な指針を課すが、他人には求めない
打ち解けた、気配りのある礼儀正しい話し方をする	不快感を与える話し方をする	遠慮がちで遠まわしな話し方をする
考えや感情を率直に表わすが、他人のそれも理解する	考えを率直過ぎるかたちで表わし、人に押し付ける	感情や考えを表わさない
人に何かを求めるときは、率直に頼む	人に何かを求めるときは、命令する	人に何かを求めるときは願望として表現する

他者の自己評価を向上させる

私たちが親なら、子供たちの自信と自己評価を育てられる。管理職なら、スタッフの自信と自己評価を育てられる。教師やコーチなら、生徒やチームの自信と自己評価を育てられる。彼らに自分を信じることを教えてほしい。自分を表現する機会を与えてほしい。

マッケイ・エンヴェロープ社の創業者でCEO（最高経営責任者）のハーヴィー・マッケイは、自己啓発分野に何冊もの著書のある人物だが、その分野の専門誌「パーソナル・エクセレンス」のなかで、あるインタビューにこう答えている。

「結局のところ大切なのは、自分は重要な人間だという意識を全員にもたせることです。環境がよくないと、誰でも犠牲者のような気分になります。いい環境にあると、自分たちはみな同等の価値があるという気持ちになる。権力は同じでないかもしれないが、人間としての価値は同じだと。生産ラインの労働者は、重役と同じようには欲求を実現できないかもしれない。だが耳を傾けてもらうチャンスは同じでなければならない。ちょうど夕食のテーブルでは末っ子のおしゃべりも、他の大きな兄弟の話と同じだけ聴いてやらなければならないようにね。

そういうことがすべて積み重なって、強くて明瞭なメッセージになる。きみは特別な人間だ、私たちはきみのことがとても大切なんだという気持ちが伝わる。あなたの子供たちや従業員の一人ひとりが幸せになり、家庭や組織全体が繁栄するためには、みんながおたがいを気づかい大事にするということがとても大切なんです」

まとめ

◆自信をもつためには、自分が価値のある人間だと心から思う必要がある。
◆自分をダメにする思考パターン（短絡する、悪い点だけに目がいく、など）を排除する。
◆自信を育てるために、以下の四つの作戦を実行する。
・長所に注目する
・過去の成功に注目する
・セルフトークで自分を励ます
・ほしいものを手に入れた自分を心に刻む
◆冒険することやリスクを負うことをしなければ、本当の自信は得られない。
◆積極的な態度と、攻撃的、消極的な態度との違いを知り、つねに自信に満ちた積極的な態度でいるようにする。

第2章 真の情熱をもつ

情熱は人間性の原動力だ。
どんなに能力があっても、情熱がなくては眠ったままになる。
だからたいていの人が、いままで一度も使ったことのない力を
内に秘めているといってもいいだろう。
あなたには知識や、すぐれた判断力や、
するどい論理力が備わっているかもしれない。
だが誰も、あなた自身でさえも、
そういうものがあることに気づかないのだ。
なぜならそれらは考え行動することに全力で打ち込めるようになって、

初めて見出されるものだからだ。

デール・カーネギー

もしも成功に、他よりずっと大きい構成要素があるとしたら、それは情熱だ。情熱とは、その人全体に浸透した内なる興奮である。情熱（enthusiasm）の語源は二つのギリシア語、「なかに」を意味するenと「神」を意味するtheosである。だから情熱のある人は、まさに「内部に神がいる」のだ。情熱は内なる炎、人の奥深くから燃え立つような精神性だ。

情熱ある姿勢は、願望成就の土台である。人を前向きに考えさせ、前向きに行動させる。前向きなエネルギーを生み出して、人間関係を向上させたり、新しいアイディアに対して私たちを柔軟にしたりする。健康さえ増進する。その逆もまた真だ。デール・カーネギーはこう書いた。「私たちの疲労は仕事によって生じたのではなく、悩み、挫折、後悔が原因になっていることが多い」

人生に対する情熱は、私たちの内部で人生を変えていくパワーを始動させる。そのパワーを強くするには「現在」に集中することだ。そうすれば過去のことへの後悔や、未来についての心配から解き放たれやすくなる。私たちは過去を変えることはできない。だが現在のチャンスに前向きに、情熱をもって取り組むなら、未来に起きることは変えられるのだ。

職場でもスポーツでも、家庭でも、人生に対する情熱に思考が駆り立てられると、無限のパワーがわき出して、その人ならではの潜在的な能力が発揮される。それと同時に不安や悩みや罪悪感などの暗い感情も消え去って、かわりに自信とオプティミズム（楽観主義）が満ちてくる。

デール・カーネギーはこう書いている。「人を幸福にするのは、その人がどういう人間かとか何をもっているかではない。幸福はその人が何を考えるか、ただそれだけにかかっていることをおぼえておこう。だから毎朝、自分が感謝すべきあれやこれやを考えることから一日を始めなさい。あなたが今日考えることは、あなたの将来を大きく左右する。だから自信や愛や成功について、いつも考えているように」

心理学者はＩＱテストに重大な欠点があるとしている。「感情的動因」を測れないことだ。感情的動因とは「情熱」の心理学用語だ。ＩＱテストの考えでは、点の低い人は通常つまらない仕事しかできないことになっている。また高得点は成功の保証書だとみなされる。これがまちがいなのは誰でもよく知っていることだ。ＩＱの低い人が、新しいアイディアや新しい仕事に出会って、いきなり「火がついた」ようになったのを見たことがあるからだ。発生した情熱が、彼らを大きな成功へと駆り立てていく。その逆の例もしばしば目撃される。そう、素晴らしく頭がいいのに一生成功できない人たちだ。

マーク・トウェインは成功の理由をたずねられてこう答えた。「生まれつきの興奮性だから」

イェール大学教授のウィリアム・ライアン・フェルプスは、著書の『教える悦び』（*The Excitement of Teaching*）にこう記している。

「私にとって教えることは、たんなる技術や職業をこえたものである。それは熱情だ。私は教えることを愛している。画家が絵を描くことを愛し、歌手が歌うことを愛し、詩人が詩を書くことを愛するように。朝ベッドから起き上がる前に、私はもう、その日最初に顔を合わせる生徒たちのことをわくわくしながら考えている。人生に成功する大きな条件は、仕事に対して日々新たな興味をもちつづけられること、つねに情熱を燃やせること、そして一日一日を大事にしてむだに過ごさないことだ」

情熱は成功への秘密兵器

一人の人間のなかに、あるいはスポーツのチームや会社や地域のなかに情熱が生まれると、果敢な行動が呼び覚まされ、成功と歓喜がもたらされる。それが歴然と見てとれるのがスポーツの試合だ。

デール・カーネギーの友人で協力者だったノーマン・ヴィンセント・ピールが、アメリカンフットボールの名コーチ、ヴィンス・ロンバルディのことを語っている。彼がグリーンベイ・パッカーズのコーチに選ばれたとき、そのチームは負け続きで意気消沈していた。彼はメンバーの前に立ち、長いあいだ黙って彼らをながめていたあと、穏やかだが力のこもった声でこう言った。「諸君、われわれはすごいチームになるぞ。これからは負け知らずだ。いいか、よく聞けよ、これからブロックのしかた、走り方、タックル、そういうものを一つずつ身につける。そしてどんな対戦相手にも必ず勝つ。わかったな。

どうやったらそんなことができるかだって？　私を信頼して、私の言うとおりのことを全力でやるだけだ。すべてのカギは私のここにあるんだから（彼はこめかみを指で叩いた）。これから先は三つのことだけを考えてもらいたい。きみらの家庭のこと、信仰のこと、そしてグリーンベイ・パッカーズのこと。この三つだけを、この順序で考えるんだ。そしていつでも火の玉みたいに熱くなっていることだ」

座って聴いていたメンバーの背筋が伸びた。クォーターバックの選手がのちにこう語った。「そのミーティングが終わって部屋を出るとき、自分の背丈が三メートルもあるような気がした」

その年パッカーズは七勝した。前年に一〇敗したのとほとんど同じメンバーだった。つぎの年には地区優勝を果たし、三年目には世界選手権を制覇した。どうしてこんなことができたのか？猛練習と技能とスポーツへの愛情と、それにくわえて情熱が、この違いをつくったのだ。

デール・カーネギーはニューヨーク・セントラル鉄道の社長をつとめたフレデリック・ウィリアムソンの言葉をたびたび引用している。「私は年を重ねるにつれて、情熱こそ成功の知られざる秘密と考えるようになった。技術や能力や頭脳は、成功する者も失敗する者も実際にはさして違わない。しかし力がだいたい同じ者が二人いたら、能力は第一級でも熱意のない者は、熱意のある人間にかなわないだろう」

つねに熱意に燃えていなければならないのはスポーツ選手とか、セールスパーソンや顧客サービス係など世間と直に接する人たちだけではない。どんな人にとっても熱意は成功になくてはならない要素だ。

エドワードは中堅製造業の在庫管理を担当するマネジャーで、監督するスタッフは事務職員と倉庫作業員。彼らの仕事は毎日判で押したように同じで、おもしろみのない退屈なものだった。離職率が高く、成績は定められた水準にやっと届くかどうかといったところ。スタッフに何とかやる気を出してもらおうと思って彼が試みたことは、どれも効果がなかった。そこで人事課長のエリカに相談をもちかける。

エリカはエドワード自身の人事記録を調べ直し、仕事ぶりをしばらく観察し、彼と何度か話もしたあとで、彼が十分有能な人間であるにもかかわらず、仕事に対する情熱に欠けると判断した。たとえば提案やアイディアやプランをスタッフに伝えるときも、ただぼそぼそとつまらなそうに言うものだから、スタッフのほうもさっぱり気合が入らないというわけだ。

そういう態度はどこから来るのだろう？　エリカは最初、数年前からその職にある彼が、倦怠感に取りつかれたのではないかと考えた。しかし意外にも彼はその仕事が気に入っており、会社も部下も愛していた。問題の原因は、無口で考え込むタイプの元来の性格にあった。彼自身も、自分に同僚たちのような元気のよさや明るさがないことを認めた。

エリカの勧めでエドワードはデール・カーネギー・トレーニングに参加した。そしてそこで学んだことが、彼の仕事への取り組み方を変えた。エドワードはスタッフを元気づけ、彼らといっしょに新しいアイディアを開拓していくようになった。すると、職場の空気が変わり、仕事の能率も向上した。

メアリーケイ化粧品の創業者メアリー・ケイ・アッシュは、化粧品ビジネスに新風を吹き込んだすぐれたリーダーの一人だが、こんな言葉を残している。「すぐれた経営者は人を熱くします。才能があっても、熱意がなくて失敗する人が大勢います……ですから経営者にとって大事なのは、社員の熱意をかき立てられること。そのためにはまず自分に熱意がなければなりません」

ノーベル物理学賞を受賞したサー・エドワード・ヴィクター・アップルトンがエディンバラ大学の総長に就任したとき、タイム誌が電報を送って、何か成功の秘訣があるかとたずねた。「もちろん」と彼は答えた。「熱中することです。専門的な知識より、私はむしろそちらのほうが大事だと思います」

「死んだときに子供に熱意をゆずってやれたら、それは途方もない遺産だ」とトーマス・エジソンは言った。その正しさは私たちの経験が証明している。熱意は巨万の富よりすぐれている。なぜなら熱意は巨万の富をもたらす上に、生きることにも夢中にさせてくれるからだ。

情熱をわき上がらせる

情熱は上っ面だけのものではない。胸の奥底からわき上がるものだ。だから情熱があるふりだけしていても長続きはしない。心の底から情熱がわいてくるような方法の一つは、目標を立ててその達成をめざし、達成したら、またつぎの目標を立てることだ。達成のうれしさや、つぎも何とかしてやり遂げたいという気持ちが人を熱中させずにはおかないだろう。

気がめいったときは一人で歌を歌って気分を変える人がいる。楽しげにふるまえば楽しい気分が戻ってくる。情熱にも同じ手が使える。仕事にでも何にでも、元気を奮い起こし、自分を励まして、これは楽しいぞと思って取り組む。するとたいていは知らないうちに夢中になって奮闘しているものだ。

どうしたら熱意がもてるのか？
あなたのしていることのどこが好きかを自分に言い聞かせるといい。
そして嫌いなところはさっさと片付けて、好きなところへ移る。
そしていかにもやる気満々で取り組む。
それについて人に話し、なぜそんなにおもしろいのかを語る。

デール・カーネギー

仕事のなかには毎日判で押したように同じとか、退屈なものや面倒なものがたくさんある。それでもそれらは組織の活動になくてはならないもので、私たちの大半は、とりわけ就職したてで組織の底辺にいるようなときは、そういう仕事をこなしていかなければならない。そこを乗り越えるには、その仕事のなかに何か熱心になれそうなところを見つけることだ。

キャロルはロースクール（法科大学院）を卒業後、法律事務所の見習い職員に採用された。だが事務所の図書室で判例を調べるという、時間を食うだけの単調な仕事にうんざりしてしまう。それでもその作業がないことには、事務所は訴訟の準備をきちんと整えられない。「この必要だけれど退屈な仕事をやりこなすことで、私にどういう利益があるの？」。キャロルは、それは一つのテストなのだと解釈した。その事務所の新しい弁護士としての能力が自分にあるかどうかが試されているのだと。訴訟に重要な細かい情報を見つけられるかどうかに自分の将来がかかっていると思うと、キャロルは根気のいる調査にふいに意欲がわいてきて、気づいたときには時間を忘れて没頭するほどになっていた。

知識は情熱の泉

その問題についてできるかぎり勉強する。勉強すれば知識が深まり、知識が深まれば、興味がわく。おもしろくて仕方がなくなることもめずらしくない。

町政執行官の補佐に採用されたアンディは、町が抱える政治的な問題の解決に参加できると張り切った。だが割り当てられたのは、申込用紙に書きもらしがないかチェックしたり、文書が正しく処理されたかどうかを確認したりといった決まりきった仕事ばかり。二カ月ほどたったとき、彼は上司の執行官に苦情を言った。「こんな仕事は落ちこぼれの高校生だってできます。ぼくは大学を出ているんですから、もっとレベルの高い仕事をさせてもらったほうが、ずっと役に立てると思います」。執行官はこう答えた。「アンディ、きみを雇ったのは、もちろん重要な仕事に力を貸してもらえると思ったからだよ。だが責任の重い仕事をこなすには、この役所の仕事がどういうものかという基本的な理解が必要なんだ。いまの仕事を誰でもできるつまらない仕事だと決めつけないで、それにどんな意味があるのか、なぜ必要なのか、この役所がうまく機能していくのにどうかかわっているのかを調べてみることだね」

アンディはこのアドバイスに従った。たんに文書の正確さをチェックするだけでなく、それについて資料を調べ、先輩の職員に質問もして、そのあとどういう過程を経て問題が解決されるのかを徹底的に勉強した。彼が日々の仕事と前向きに取り組み、新しいことを学ぶのを楽しみにするようになるのに時間はかからなかった。

情熱をもつには、自分のしていることの価値を信じ、自分の力量を信じ、その仕事をどうしてもやり遂げたいと思うことだ。そうすれば夜が昼に変わるように、ひとりでに情熱がわく。

デール・カーネギー

情熱は突破力

アルフレッド・Mは南アフリカで、建設業者にクレーンをリースする会社の代理人をしている。彼が業界一の難物といわれた相手との商談に、熱意の力で成功したことを報告している。

その人〝スミス氏〟はいつも機嫌が悪くて、すぐにかんしゃくを起こした。二度目の門前払いをくらったとき、アルフレッドはあきらめかけた。だが熱意を失ってはいけないと思い直し、もう一度挑戦することにする。

スミス氏のオフィスの待合室に座っていると、ドアのすきまから、彼が他社のセールスパーソンにどなりちらしているのが見えた。そしてその人をほぼ力ずくで部屋から追い出すと、「つぎは誰だ！」と叫んだ。

「部屋へ足を踏み入れたとたん、吐き捨てるように言われました。またおまえか、だめだと言ったはずだぞ、いいかげんにしろって。でもつぎの言葉が飛んでくる前に、私は満面の笑顔になって、ありったけの熱意をこめてこう言ったのです――私が御社のクレーンを一手に引き受けさせていただきます！　他の同業者が彼と話すときのように声が震えたりはしませんでした。

彼はあっけに取られたようにデスクの向こうに立っています。一五秒ぐらいも経ったころ、私の顔をまじまじとながめ、勝手にしろと言い捨てて部屋を出ていきました。戻ってきたのは三〇分ぐらい経ってから。まごついたような顔で私を見て、『まだいたのか』と。私は言いました、こんなにお得な話をもってきたのです、説明させていただけるまで帰るわけにはいきません。それでどうなったかって？　取りつけたのは毎月七万五〇〇〇ランド（南アフリカの通貨単位）の注文を向こう一年間という契約。それと、もっと大きな取引も夢じゃないという手ごたえです」

自分を激励する方法

前章では、自分に激励の言葉をかける「セルフトーク」が自信回復の効果的な手法であることを学んだが、もっと情熱をもって行動したいときにも、これは特効薬だ。

リサの目標はメディカルセクレタリー（医師事務作業補助者）になることだった。専門学校のコースを終了し、職探しを始めたが、未経験者はなかなか採用してもらえない。何度も断られると弱気になり、つぎの面接に臨むときは、建物の前でこうつぶやいた。「こんなことをして何になるの。またきっと同じことよ」。それでも気持ちを奮い立たせ、セルフトークで自分を励ました。「私はこの仕事がしたいの。専門教育を受けたんだし、成績はクラスで一番だったじゃないの。それに私はがんばり屋よ。必ずいい仕事をしてお医者さんの右腕になるわ」。これを何度も何度も頭のなかでくり返し、医師との面接を待った。彼女の熱意は、医師の質問への受け答えにおのずとにじみ出て、リサはついにそのあこがれの仕事を手にしたのだった。

何カ月かあと、医師は彼女にこう言った。履歴書を見て経験がないのがわかったから、かたちだけ面接して断ろうと思っていた。だがあなたの熱意にほだされて、採用してみようという気になった。

彼女はその言葉のとおり仕事に情熱的に取り組んで、いまや敏腕のメディカルセクレタリーとして大活躍している。

熱意はただの上っ面だけのものではない。身体の奥深くから働いているものだ。熱意は、自分のしていることの何かが本当に好きだというところから発生している。

デール・カーネギー

逆境を乗り越える

半導体最大手のインテルを育てたアンドリュー・グローヴは、激しい情熱で逆境を乗り越えてきた人だ。ハンガリーに生まれ、第二次世界大戦中はナチスに迫害され、その後は一九五六年にハンガリーへ侵攻したロシア人に苦しめられた。

二〇歳でアメリカへ亡命したときに、もちあわせたのはポケットにほんの二、三ドルと片言の英語だけ。苦労は尽きることがなかったが、知識を身につけて成功するという強い熱意は決して失わなかった。手当たりしだいに職に就き、ニューヨーク市立大学シティカレッジへ進学して化学工学の学士となる。修士号と博士号はカリフォルニア大学バークリー校で取得した。

アンドリュー・グローヴは二〇世紀の最も目覚ましい発明品であるパーソナルコンピュータの開発と普及に、おそらく中枢的役割を果たしている。最初はフェアチャイルド・セミコンダクター社で、のちには一九六八年に参加したインテル社で、グローヴとその仲間が先鞭をつけた技術がパソコン革命のすべてを可能にした。世界はいま、その革命がもたらしうる技術的、経済的恩恵のほんの表面をかじりはじめたにすぎない。

挫折や困難には何度もみまわれたが、情熱だけは失わなかった。そしていちばん大事なことは何か、自分は何をするのが最良かを問いつづけ、より速く、より安く、よりパワフルなテクノロジーの開発に取り組みつづけた。

いまでは世界中の数知れない人々が、少し前ならどんなエリートにも夢でしかなかったような情報や娯楽を即座に、安価に手に入れることができる。その多くはアンドリュー・グローヴの天才的な才能と先見の明のおかげである。

何年か前、グローヴに前立腺がんが発見された。彼はこれにもインテルを育てたのと同じエネルギーと同じ熱意で立ち向かうことを決心する。そしていま現在、その闘いに勝っている。

富と成功を手にするチャンスは不運や迫害や貧しさにつぶされないことをグローヴは証明した。希望と情熱をもち、骨身を惜しまず働くことで人は夢を現実に変え、偉業を達成できる。ビジネスの行き詰まりであれ、深刻な病であれ、情熱をもって取り組むなら、逆境は必ず克服される。

デール・カーネギーは一九世紀のアメリカの思想家サミュエル・ウルマンのつぎの詩に深く共感しており、これを記した額がデスクの上に掛かっていた。ダグラス・マッカーサー将軍の執務室にもこの詩の額があった。

あなたの若さは信念の深さを、老いは疑いの深さを表わす。
あなたの若さは自信の強さを、老いは恐れの強さを表わす。
あなたの若さは希望の大きさを、老いは絶望の大きさを表わす。
歳月はあなたの皮膚にしわを刻むかもしれないが、
情熱を捨てれば、魂にしわが刻まれる。

成功を呼ぶ姿勢

意欲と情熱のある人間になるのにまず必要なのは、事態は必ず好転し、決して悪くはならないこと、自分はきっと成功し、失敗はしないこと、そして何が起きようとも、また起きずとも幸福が訪れると信じていることだ。こういう楽天的で期待に満ちた姿勢――つねに最良のもの、最高のもの、最も幸福なものを待ち受け、決して悲観的な暗い気分にならないという態度ほど助けになるものはないだろう。自分はこれをするために生まれてきたと信じていなければならないからだ。一瞬でもそれを疑ってはならないからだ。

何をやりたいか、何になりたいかにかかわりなく、大事なのは私たちがつねに期待と希望に満ちた楽天的な姿勢でそれに臨むことだ。その姿勢が私たちのあらゆる能力を成長させる。

成功する人は、自分に繁盛や繁栄への特効薬、成功への特効薬を与えている。それは自分を励ますこと、心をポジティブにすること――そうやってあらゆるネガティブな、意欲を失わせるような考えに対して免疫力をつけることだ。

私たちの理解がおよぶ世界、私たちにとってこの瞬間、真実である唯一の世界は、頭のなかにある世界、自分の感じている世界だ。自らの思考や信念や、理想や哲学でこしらえた環境だけが私たちの生きている場所だ。明日は他の考えや思いつきがそこにやってくるかもしれない。だが今日は、今日の考えを実行するべきだ。

これまでに他人のまねをして成功した人は一人もいない。たとえ成功者のまねをしたとしても、成功は手本どおりにはいかない。なぜなら、他人とまったく同じにはなれないからだ。成功はその人ならではのもの、その人だからできたことだ。

情熱は身体の奥のどこか深いところからわいてくる。だから大切なことは「自分のまま」でいることだ。内部からの声に耳を澄ましてほしい。

どんな職業にも、取引にも、ビジネスにも改善の余地は必ずある。ものごとを新しい、よりすぐれた方法でやってのけられる人間を世界は求めている。あなたのプランやアイディアが前例のないものだからといって、あるいはあなたが若くて経験がないからといって、人に相手にされないなどと思ってはいけない。新しいものや価値あるものを世間に提供できる人間には、必ず耳を傾けてくれる人、ついてくる者がいる。人が何と言おうと自分の考え方で考え、新しいやり方でやり、恐れずに自分を貫き、他人のまねをしない人間はたちまち頭角を現わすだろう。独創性とユニークなもののやり方ほど、雇い主をはじめ世界中の注目をたちまち集めるものはない。もしそれがうまくいく方法ならば、なおさらである。

思考を管理する

人の心がこの世界のあらゆるものを支配していることを考えると、その威力はあまりに無視され誤解されてきた。たとえ心の力が賞賛されるときでも、それは特殊なものとしてあつかわれ、それを使う才能をもって生まれた人だけに使える道具だった。しかし近年、「思考」の管理とその使い道がさかんに研究され、理解が深まっている。思考を選ぶことによって、すでに形成された性格も修正することができるし、外的な環境すら変えられる。少なくとも環境が自分におよぼす影響は変えられる。健康、幸福、成功を呼ぶこともできる。

屈強な男性が催眠術をかけられて、椅子から立ち上がれないと信じ込むと、その術が解かれるまで、どうやってみても立ち上がることができないのは誰でも知っているだろう。かぼそい女性でも、誰かの命を救おうと無我夢中になると、炎や濁流のなかから自分より重い人間を運び出せる。どちらも身体能力ではなく、心の姿勢がさせることだ。

ほとんどの成功がそうであるように、なすべき仕事の多くが、または全体が頭のなかで行なわれるときは、思考の決定力はどれほど大きなものになることだろう。世界の覇者は戦場であれ、取引の場であれ、道徳的苦闘においてであれ、そこに臨んだ心の姿勢によって勝利したのである。

疑いのあるところに確実なものはない。「運が悪い」とか「できない」「信じられない」といった言葉を頭の辞書から消さないかぎり、出世はできない。自分は弱いという気持ちがあるかぎり強くはなれないし、哀れだの不幸だのと言っているかぎり幸福にはなれない。

いつも身体のどこそこが悪いとか、元気になれない、丈夫になれないといったことを絶えず考えたり口にしたりしていると、何をやっても決して元気にも丈夫にもなれないだろう。また引き受けた仕事をやり遂げる能力をつねに疑っていたら、力強い経営力を発揮することはまったく期待できない。自分が弱いという意識や、やりぬく力への疑いほど、心を弱らせ、効果的な思考をできなくするものは他にない。

私たちにとって何より重要な研究は、また果たすべき何より大切な義務は、思考の管理であり、それによって自分を向上させることである。思考というのは形もなく、漠然としたものであり、私たちの大半は思考に対して支配力をもったことが実際にはほとんどないので、心の動きをコントロールするとか方向づけるというのは何か難解で深遠なことで、修行したり、本でも読んで勉強したりしなければならないかのような印象があるが、それほど大きい誤解も他にないだろう。人は誰でも考え方の癖や傾向や、あるいは性格を修正し、人生をよい方向へ変えていくのに必要なものをすべて備えている。

情熱を行動へと導く

自分を信頼していれば行動に熱中できて、不安や疑いやためらいにじゃまされずに結果を出すことができる。疑いがあると、精神は活発に働くことができない。確信なきところに能率はない。目標を明確に心に刻み、すでにそれを達成してしまったかのように、その光景をあざやかに目に浮かべる。そして自分はいま刻々とそこに近づきつつあると強く念じるのだ。すると心が不思議に熱くなり、前進を助けてくれる。じゃまものが一つずつ消えていき、人間の力ではとても達成できないように思えたものでも単純で、容易にさえ見えてくる。何より必要なことは目標から決して目を離さないことだ。興味を薄れさせたり夢をぼやかしたりしてはいけない。

もちろん情熱だけでは結果は出ない。心の働きに身体の働きがともなわなければならない。願えば努力の必要がなくなるわけでは決してないが、強く心に願うことは、それを実現するのにどんな努力が必要なのか、どうやって努力するのかをつかむ手立てになる。

コミュニティセンターが主催する募金運動の委員長に選ばれたハリーは、その仕事に対して、他の委員をはじめ組織の全員に自分と同じ熱意をもってもらいたいと思った。そこで自分の行動プランを入念に作成し、目標とともに組織の会報に載せ、委員には電子メールでも送った。いまでは全員が彼のプランを承知しており、自分にどんな手伝いができるか考えるようになっているのだが、特筆すべきは彼がそれらを大判の紙にプリントし、洗面所の鏡、冷蔵庫のとびら、デスクのわきの壁といったところに貼りつけ、目にするたびに決意を新たにし、熱意を持続させていることだ。

2◈何が何でも実現するという気持ちでプランに取り組む

明けても暮れてもそのプランのことを考えて、熱を冷まさない。あらゆることを、そのプランを中心にして考える。

3◈ぐずぐずと延期せず、プランが立ったら直ちに実行に移る

ハリーは委員会を開いて仕事の分担や日程、目標額などを話し合い、メンバーといっしょに作業プログラムを書き上げた。

4◈追跡の手順を設ける

進行をチェックする人がいなかったという理由で、せっかくのプランがただのお題目に終わることはめずらしくない。計画どおりに事が進まないと、初めの熱意に水がささされる。

ハリーはメンバーのそれぞれが自分の活動を評価できるようにチェックポイントを設定した。

5◆障害を乗り越える

計画には頓挫や思わぬ障害がつきものだ。ものごとがうまくいかないと熱意を失う人たちがいるが、そんなときこそあなたの熱意をカンフル剤にしてエネルギーをかき立て、事態の修復に奮闘してほしい。方針転換は必ずしも必要でないかもしれない。何が悪いのかを見つければ、ちょっとした調整で事足りるかもしれない。もし重大な問題が発生していたら、事態を再調査して、修復できないほど脱線しているのがわかったら、プランを考え直したり立て直したりする。情熱さえ失わなければ、こうした事態にも厄介事や災難ではなく、やりがいのあるおもしろい仕事として取り組める。

6◆サポーターやメンターを見つける

私たちは一人ではない。スポーツのチームにチアリーダーがいるように、成功したら拍手を送り、遅れをとったときには元気づけてくれる「応援団」が私たちにも必要だ。しかしチアリーダーとは違い、私たちの応援団にはポジティブな思考の人というだけでなく、前進を手助けしてもらえるような知識と経験のある人を選ばなければならない。

ハリーにはメンター（組織内の指導者、助言者）がいた。職場のさまざまな問題や身のふり方について日ごろから相談に乗ってもらい、何かうまくいかないことがあっても必ずその人に励ましてもらっていた。募金運動でつまずいたときには、そのメンターの力添えで何人かその方面に経験の深い人々に集まってもらい、彼らの指導で行き詰まりを打開することができた。

7◆ペシミストを警戒する

世間にはつねに失敗を予言する悲観論者の男女が嫌というほどいるものだ。どんな努力もむだだと決めつけ、人が失敗しようものなら、助けの手を差し伸べるどころか「それみたことか」と勝ち誇る。こういう手合いをチームに入れてはいけない。いっしょに働かざるをえないなら、身のまわりを楽観主義者でかためて悲観論から身を守る。

8◆熱意を燃やす習慣をつける

習慣は放っておいたら消えてしまう。日々強化する必要がある。計画の推進にある程度の時間をささげることを一日たりとも怠らないことだ。

9◆あきらめない

目標がどんなに遠く見えても、必ず達成できるという考えを決して捨てない。熱意が冷めかけたら、セルフトークで盛り上げる。

10◆どんなときにもポジティブな姿勢を失わない

情熱は希望、自信、無私の心、確信、そして忍耐に育てられる。そういう前向きな姿勢を失わなければ、計画は必ず進展する。

アメリカの生んだ最高の思想家といわれるラルフ・ウォルドー・エマソンは、情熱の値打ちを知っていた。「歴史上のこれという大きな瞬間は、いずれも何らかの熱意の勝利である」

まとめ

◆情熱は、知る人ぞ知る成功への秘密兵器である。
◆目標を立て、達成したらまたつぎの目標を立てる。達成のうれしさや、挑戦するおもしろさが人を熱中させずにはおかない。
◆その問題について勉強する。勉強すれば知識が深まり、知識が深まれば、学んだことへの情熱が深まる。
◆目標がどんなに遠く見えようとも、必ず達成できるという考えを捨ててはいけない。情熱が冷めかけたときは「セルフトーク」が助けになる。
◆つねに期待と希望に満ちた楽天的な態度でいる。
◆「運が悪い」とか「できない」と言っている限り成功はできない。何より重要なのは、自己の思考を管理することである。

第3章

ゴールを設定し、達成する

成功した人は、みな初めにゴールがあった。めざすべき目標を定めることは成功への長い道のりの第一歩だ。目的地がわかり、そこへ到着するためのプランがあれば、時間、気力、体力を集中させられるし、正しい方向へ踏み出せる。

舵の壊れた船は、その舵にいくらしがみつこうが、いくら馬力を上げようが、いくら海上を走りまわろうがどこへも着けない。よほどの幸運に恵まれないかぎり、どこの港へも入れないだろう。たとえどこかへ流れ着いたとしても、その積荷はその土地の人々や気候や事情にふさわしくないかもしれない。船は特定の港をめざさなければならない。その積荷が喜ばれ求められる港に向かって、照りつける太陽や暴風雨や濃霧をかいくぐって着実に進まなければならない。

成功したい人もそれと同じだ。人生の大海原を舵もなく漂っているわけにはいかない。予定された港に向かい、波が静かなときを見計らい、海流や風を利用してまっしぐらに進まなければならないし、たとえ苦難の嵐に翻弄され、絶望という霧に包まれて見通しが立たなくなっても、決して航路を外れてはならない。

夢は成功の始まり

成功は夢から始まる。いつかこうありたいと願う理想の姿を思い描くことに始まる。誰でも金持ちになりたいとか、有名になりたい、幸福になりたいという夢がある。だがほとんどの場合、それは永遠に夢のままだ。

成功した人々にもそういう夢があった。しかし彼らはそういう夢を目標に変え、そして現実へと変えた。それに彼らの夢はただ成功したいといった漠然としたものではなく、これこれのことをなし遂げたいという具体的なものだった。エジソンは電気エネルギーで夜を明るく照らすことを夢見たし、ビル・ゲイツは大きな組織だけでなく、誰でもがコンピュータの力を利用できるようなシステムづくりを思い描いた。ベートーヴェンの夢は、精神を高揚させる音楽だった。偉大な俳優や画家、音楽家、作家たちが夢見たのは、ただの名声ではなく、自らの才能を活かして何事かをなし遂げることだった。

そういう天才でなくても夢は抱ける。成功した人はどんな人も、初めはただ夢や希望があっただけだったと報告している。偉業を達成したことについて質問された男女は、すべてが夢に始まり、夢が目標になり、目標が行動プランになって、当然の結果として夢がかなったのだとくり返し述べている。

若者でなくても夢は抱ける。新たな夢を抱き、それを新たな目標に変え、新たな成功を手にするのに遅すぎるということは決してない。年を取ってから夢を抱いた人々が、驚くべきことをなし遂げている。ベンジャミン・フランクリンは五〇歳を過ぎてから科学と哲学の勉強を始めた。失明したミルトンが叙事詩『失楽園』の完成に心血を注いだのも五〇歳を過ぎてからだった。

時代の風潮に合わない者にも夢は抱ける。女性はいつとは知れない昔から、やってよいことやなってよいものを制限されてきた。職業婦人になることは、いわゆる女性の仕事でしかよしとされず、それ以外の職には就きたいと考えるだけでも決心と勇気がいった。プリンストン大学教授で、グノーシス主義と初期キリスト教にかんするベストセラーの著書があるエレーヌ・ペイゲルスもそんな一人だ。自分が教育を受けた時代には、女性が男性に伍して仕事をすることなど考えることすらいけないことと教えられたと述べている。しかし彼女は遠慮なく好きな道に進んだ。その道で生計を立てられることがわかるのはのちのことだが、すでに夢は目標になっていた。

あなたは大好きな仕事をしているだろうか？
そうでないなら、どうにかしなくては。

好きなことをしているのでないかぎり、
真の成功は決して手に入らないのだから。
成功者のなかにはいろいろな仕事に就いてみて、
やりたいことがやっと見つかったという人が大勢いる。

デール・カーネギー

今日ではほとんどの職業からそういう壁が消えている。アメリカではロースクール（法科大学院）でも医学校でも、生徒の半数かそれ以上が女性だ。

一九世紀のアメリカに奴隷として生まれたフレデリック・ダグラスは、その身の上に屈することなく読み書きを身につけ、のちに同胞の指導者となった。二一世紀初頭にはバラク・オバマが人種の壁を破り、アメリカ合衆国大統領に就任している。

夢をかなえることにおいては頭脳でさえ、意志の強さほど重要ではない。優柔不断な人は、人生のレースでは置いていかれるばかりだろう。何ものにも屈しない鉄の意志と決意をもつ者だけが、忍耐力と根性に支えられて成功者になれる。長く懸命に奮闘する者だけが、夢を目標にし、目標を業績にできるのだ。

人間を重労働から解放し、凡庸さや醜さから救い出し、毎日を楽しく快適にし、人生を生きるに足るものにしてくれるもののほとんどが、それらの実現を夢見た人々の努力の所産である。

夢を目標に転換する

残念なのは、あまりに多くの夢見る人がずっと夢見る人のままであること、夢がいつまでもただの夢であることだ。夢を目標に転換できれば、それはもはや空想ではなく、目の前にいつも開いておける成功への道路地図になる。私たちに必要なのは、何をしてでも必ず実現するという決意と目的意識をもって夢と向き合うことだ。

夢を目標に変えて成功をおさめた女性の一人がファッションデザイナーのレイチェル・ロイだ。ファッションへの情熱を最初に彼女に吹き込んだのは、子供のときに観た映画だった。スクリーンに登場する女性たちの服装が、自信と成功のオーラを放っているかに見えた。それと同じオーラを、自分や他の女性のためにつくり出すことが彼女の夢になった。着た人の自己評価をきっと高めるであろう洗練された装いのつくり手になることだ。

彼女は学校へ着ていく服を年に一度、家族といっしょに買いにいった。しかし地元の店には気に入るものがなく、自分だったらもっと素敵な品揃えができるのにと悔しがった。母親がそれはバイヤー（買い付け係）の仕事だと言った。そのとき彼女は自分の夢に〝バイヤー〟という名前をつけた。夢がファッション業界のバイヤーになるという目標に変わったのはそのときだ。

初めて就いた職は店の在庫係だった。それから店を変わるたびに、アシスタントマネジャーからパーソナルショッパー（個人の買い物相談係）へ、そしてスタイリストへと地位が上がっていった。まもなくデザインも自分で手がけるようになり、会社幹部への道も開かれた。

夫のデイモン・ダッシュから、独立していっしょに会社を興そうともちかけられたのはそんなときだ。レイチェルは決断を迫られた。成功している仕事を捨てて、二人で一からやり直すべき？彼女はやり直しを選び、新しい仕事に打ち込んだ。あらゆる才能を駆使し、経験のすべてを注ぎ、ビジネスのできるだけ多くの側面に自らたずさわった。かけがえのない、取りかえのきかない存在になりたかったからだ。六年経つと自分でビジネスを動かしていく自信がつき、自分の会社を立ち上げた。レイチェルのデザインは絶賛を浴び、今日ではニューヨークのファッション産業を代表するデザイナーの一人と見られている。

願うだけの人と実行する人のあいだには、はかりしれない距離がある。レイチェル・ロイは願う人や夢見る人にとどまらなかった。夢を目標に変え、その達成に全力で取り組んだのだ。

しかしながら、素晴らしい未来を思い描く習慣をもつことは、それだけでとても大きな価値があることだ。自分はきっと金持ちになって幸せに暮らすだろう、素晴らしい家族がいて美しい家に住み、仕事で成功して、何か社会に役立つことをするだろう、と期待することは、そのような人生に踏み出すための最良の資本になる。たとえ起こりそうもないことや不可能としか思われないことでも、根気よく思い続けていれば、実現する可能性があるのだ。

もしも四六時中理想を語り、あざやかに目に浮かべ、そしてその実現に全力で取り組むなら、出世であれ、健康な身体をもつことであれ、気高い人間になることであれ、そのとおりのことが実現する可能性は格段に高くなる。欲求が決意へと結晶すると、実効をもつからだ。欲求と、それを実現しようという強い意志とが結びつくと、創造的な力が生み出される。あこがれと熱意と努力が一体となって結果が生じるのだ。

だから自分の何かを向上させたければ、その理想の姿をくっきりと頭に描き、できるだけあざやかに、できるだけ頻繁に思い浮かべることだ。まるで本当に自分が進歩して、それが現実の姿であるかのように感じられるまで根気よく心に描く。私たちは勝利するよう生まれついている。覇者となり、輝かしい人生をおくるためにこの世に生まれてきたのである。選んだ仕事においても、人間関係においても、人生の他のどんな側面においても素晴らしい成功者になるべきなのだ。

思考は現実の「型紙」

成功は頭のなかから始まる。心の姿勢が成功に敵対しているあいだは、決して成功できない。何かを手に入れようと努力しても、心でべつのものを期待していたら何にもならない。なぜならこの世界ではあらゆるものがまず頭のなかでつくられ、そしてあらゆるものが、その頭のなかの型紙どおりになっていくからだ。

自分なんかずっと貧乏に決まっていると本当に、いや半分でも思っていたら、決して金持ちにはなれない。人は予期したとおりのものを手に入れる傾向がある。だから何も期待しなかったら何も手に入らない。

つねに失敗に向かって歩みを進めていたら、成功というゴールに着くことをどうして望めるだろう。たとえ方向転換しようとしても、まちがった道の向こうの暗く憂うつな、希望のない景色から目を離すことができなかったら、せっかくの努力も水の泡になる。

思考は、自分に似たものを引き寄せてくる磁石だといってもいい。もしも貧乏や病気のことが明けても暮れても頭にあれば、貧乏と病気を引き寄せるだろう。頭にあるものと逆のものが出現する心配はない。なぜなら私たちの心の姿勢とは「型紙」で、その型紙が人生に組み込まれているからだ。だから成功は、まず頭のなかで達成されなければならないのだ。

失敗への恐怖心や、お金を失うとか恥をかくといった心配のせいで、どれだけ多くの人が本当にほしいものを手に入れられずにいることだろう。悩みや心配はエネルギーを吸い取り、成功に必要な、創造的で効果的な仕事をする能力を奪ってしまう。

だから、あらゆるものを建設的にながめる習慣をもつことである。疑いや不安を呼ぶ側面ではなく、つねに明るく希望に満ちたところや信頼できるところ、安心できるところをながめる。そして必ず最良のことが起き、正しいものが勝利するという信念をもつ。真実が最後には誤りに勝つこと、調和と健康こそが現実の姿であって、不和や病気はいっときのことにすぎないことを信じる。すなわちオプティミスト（楽観主義者）の姿勢をもつことだ。この姿勢が結局のところ、世界をよりよいものにつくり直す力をもつのだ。

成功への資本を調べる

他人をあてにして成功への道に立つことはできない。成功への歩みは、もっぱら自分の肩にかかっている。

では成功へ向かって踏み出すには、どんな目標を立てたらいいのか？　それを決めるには、まず自分を検討することだ。自分が人生に本当に求めているのは何なのか、自分のどんな利点がその目標を達成するのに役立つかを見つけることだ。

たとえばションダ・ライムズは、自分をよく知っていた。『グレイズ・アナトミー』『プライベート・プラクティス』といった人気テレビドラマの脚本家で、製作総指揮者《エグゼクティブプロデューサー》のションダは、子供時代から表現者《クリエーター》になると心に決めていた。読み書きができないうちから物語をつくり、テープレコーダーに吹き込んだ。母親はそれを原稿に起こしてションダを応援した。そして夢は、なるべくして現実になった。

しかし目標を決めるのがそう簡単ではないことも多い。現実的になることが必要だ。素晴らしい目標だと思っても、それを達成するのに必要な資質がないことがある。映画スターやオペラ歌手になることを夢見ても、それにふさわしい才能がないかもしれない。あこがれの職業が、その人には向かない領域にあるかもしれない。反対にそれまで見過ごしていた資質や技能に気づき、満足のいく有利な仕事につながることもある。

受けた教育や、それまでの経験や、趣味や関心事を徹底的に考え直す。人生をふり返って、とてもうまくいったことや満足できたこと、うれしかったことなどを探す。それらがこれからも成功できる領域の目印になるだろう。ただしそれはほんの手始めだ。なし遂げたことの向こうに目を凝らして、これから何ができるかを考えてみよう。

心の奥をのぞいてほしい。心の内を注意深く見つめれば、何が自分にふさわしいかがわかるだろう。ほとんどの大人は、自分に何ができて何ができないか、何が好きで何が嫌いかをすでに知っている。だが本当にそうだろうか？　心の奥を深く探ると、すでにわかっていると思っていたものをこえた面が見えてくる。そして自分について深く考えられる。

成功者はその道に踏み出す時点で、あてになる資本がどれだけあるかを知っている。私たちも自分のもっているあらゆる資産や資源の在庫調べをしなくてはならない。これまでの人生で何ができたかだけでなく、できそうなことにも注目する。大多数の若者は自分の知的な財産についてほとんど何も知らずに職に就く。そしてたいていは長いあいだかかって少しずつ発見していく。

それにしても残念なのは、自分の能力をほとんど発見できず、安い給料と低い地位に甘んじて一生をおくる人々があまりに多いということだ。彼らは能力がありながら、月並みな人生をとぼとぼと歩いている。その内なる資本を探りあてることさえできたら、いくらでも高い地位につけるだろうに。彼らはどういうわけか野心をかき立てられるような環境に身を置いたことがない。埋もれた大馬力のエンジンに、点火してくれるような人やものごとにも出会わない。

一心不乱になる

成功する人は、目標に全力でぶつからなければならないのをよく知っている。迷いのまったくない決意には、大変なパワーがある。不退転の決意が、後方の橋をすべて焼き払い、行く手の障害物をことごとく打ち砕いて、どれほど長くかかろうとも、どれほど犠牲をともなおうとも彼らを目的地へとみちびいていく。

成功するには、頭と心の力のすべてを確固とした標的に集中させなければならない。不屈の意志がなければならない。それが勝敗をわける。他のどんな誘惑にも負けてはいけない。

妥当で達成可能な目標を立てることは、仕事でも、人生の他のどんな面でも成功への第一歩だ。それは目標をしっかりと受け入れ、現実に変えることができるように心にタネを蒔くことだ。

目標をもつのに遅すぎることはない

ピーター・Mはずっとエンジニアになりたいと思っていた。小さいときから機械いじりが大好きで、学校では数学と科学がずば抜けてよくできた。将来の夢が変わることは一度もなく、大学時代もまっすぐその道を歩んで念願どおりの職業についた。

私たちのほとんどは、これほどうまくはいかない。子供時代には将来の職業といっても漠然とした考えしかもてないし、たまたま就いた仕事が一生の仕事になることも多い。しかし目標を立てるのに遅すぎるということは決してない。これは仕事や職業だけでなく、人生の他のどんな面の目標についてもいえることだ。

エルヴィラ・Sは大学卒業後、いくつかの職に就いた。専攻はマーケティングだったが、その分野で得た最初の職は泣きたくなるほど退屈だった。販売の仕事に転向したものの、こんどは仕事が性に合わず、うまくいかない。しかしそのあと法律事務所に就職してパラリーガル（弁護士補助員）になったときは、本当に仕事がおもしろく思われ、やがて自分も弁護士になりたいと思うようになる。

エルヴィラは新しい長期的目標を立てた。刑事専門の弁護士になることだ。まず職場に異動を願い出て、刑事事件をあつかう先輩弁護士のもとで働くことにした。現在はロースクール（法科大学院）の夜間コースに通っており、まもなく法学の学位が取得できる予定だ。当面の目標は地方検事の事務所で働くこと。そこで経験を積み、ゆくゆくは自分の事務所をもちたいと考えている。

とてもやりたかった仕事なら、
うまくいかなくなってもあきらめたり投げ出したりしてはいけない。
何か他のやり方を試すことだ。
あなたの楽器に弦は一本だけではない。
うまく音が出るのを見つければいい。

デール・カーネギー

じょうずな目標設定のための一〇の助言

目標を立てるときは、ただの絵空事にならないように、つぎのような点に注意する。

1◆目標は明確な言葉にする

なし遂げたいことを明瞭に、具体的に述べる。目標が漠然としていたり言葉があやふやではいけない。たとえば「私の目標は、社内の最優秀セールスパーソンになることです」でも悪くはないが、もっと具体的だともっといい。「私の目標は売り上げを大幅に伸ばすことです。来年度から向こう三年間、毎年一〇パーセントの増加をめざします」。こうすればターゲットが明瞭になり、無意識の心に助けられて、こういう数字の達成に努力が集中する。

2◆達成できる目標を立てる

目標は達成可能なものでないと、設定しても意味がない。無理なく達成できるようにするには、長期的な大目標をいくつかの短期的な目標に分けるといい。たとえば三年後には自分の絵を一流の画廊に出品するという目標を立てたとする。これに対してつぎのような中間目標を設定する。まず来年の一二月までに◯◯の絵を仕上げる。再来年の七月には地元の画廊の展示会に出品する。その年の一二月までにアートジャーナルの批評欄に取り上げてもらう。

3◆奮起できる目標を立てる

簡単に達成できるような目標を立てると、もっと努力しようというモチベーションが得られない。目標は、もっとがんばらなければという気持ちにさせるもの、そしてよほど努力しないと達成できないものでなければならない。成功者は一つの目標を達成したら、すぐにつぎの目標を設定して、つねに努力し成長を続けることが成功の秘訣だと述べている。

4◆行動を通して達成される目標を立てる

その目標を達成するための行動が明瞭でないかぎり、その目標はただの夢にすぎない。

行動には、頭脳的、身体的、感情的活動が必要だ。頭脳的には、その目標のことを片時も忘れず、達成するにはどう行動するべきかを明けても暮れても考えていなければならない。

5◆目標は数字で表わす

目標はつねに数量化できるとはかぎらないが、金額などの数字にできる場合も多い。たとえば売り上げ目標なら、月ごとや四半期ごとに商品の単位や金額で設定できるし、生産目標なら量で設定できる。数量化できない場合でも、期限を設けることで数字化できる。大きな目標は分野と時間で分解し、それぞれの完了期限を設定すれば、各分野の達成にどれだけ近づいたかが測れるし、期限に間に合うように活動の調整もできる。

6◆目標は書き表わす

忙しい生活のなかで目標を忘れたり投げ出したりするのを防ぐ方法の一つは、紙に書き出しておくことだ。長期的な目標のリストをつくり、それぞれを中期目標と短期目標に分解する。それらを大きな文字で紙に書いて、目につく場所に貼っておく。仕事机の前でもいいし、冷蔵庫のとびらでも洗面所の鏡でもいい。目にするたびにそれを読み、記憶に刻み直し、また読み直して自分にたずねるといい。「この目標を達成するために、私はいま何をしている？」

7◆目標は修正可能である

設定した目標が、周囲の状況が変化したせいで妥当でなくなることがある。経済情勢が変わって、新しい事業を立ち上げるには不向きな状況になるかもしれないし、新技術が開発されたために目標のほうが時代遅れになることもある。事前の調査にミスがあって、達成不可能な目標だったことがのちに発覚するかもしれない。これは必ずしもその目標を捨ててしまわなければならないということではない。考え直しや調べ直しが必要なだけかもしれない。こういう事態にみまわれたら、何が起きたのかをよく検討して必要な調整をしてほしい。

それでなくても目標の達成に失敗することはめずらしくない。がっかりして投げ出してしまってはいけない。何が起きたのかをよく検討し、状況をつかんで必要な調整をすればいい。

店長補佐になって二年のヒューは、そろそろ店長に昇進できるものと思っていたが、その期待は外れた。それでもがっかりして店を辞めたりはせず、冷静に状況を分析した。会社はそれまでの六年間、毎年六店から一〇店のわりで店舗を増やしてきた。だから彼の目標も、毎年それぐらいのペースで新しい店が増えていくという前提のもとに設定されていた。ところが昨年度は業績が伸び悩んだために、新規の開設は二店だけだったのだ。しかし今年度は景気が回復し、追加の開設が考慮されているという情報もある。そこで彼は目標達成の時期をもう一年先まで延ばすことにした。それならたぶん大丈夫なはずだ。

8◆達成したら、すぐにつぎの目標を立てる

一つの目標を達成したら、直ちにつぎの目標を立てる。そうすることでさらに向上し、成長できる。

健康のためにプールに通いはじめたベンは、三〇往復を三〇分で泳げるようになれば健康を維持できると言われた。その目標はほどなく達成された。五〇代の終わりという彼の年齢なら、ほとんどの人がそのペースで泳げるようになっただけで満足だろう。だがベンは、彼が使っている二五ヤードのプールで三六往復すればほぼ一マイルになることを知ると、直ちにその新しい目標をめざして練習を開始した。

9◆目標は人に話す

減量コースに参加すると、どれだけ減量するつもりかを家族に宣言しておくようにアドバイスされることが多い。どれだけ成果があったかも逐一報告するようにと。なぜか？ 目標を周囲に知らせておくと、達成を助けてもらえるからだ。あきらめそうになっても、誰かに励ましてもらえると、またがんばれる。

学生結婚したカレンは、家計を支えるために大学をやめて仕事に就いた。夫が卒業したら復学して学位を取るつもりだったが、子供が誕生したことで、このプランは実現しなかった。それから一〇年たったいま、彼女はようやく学校に戻っている。だが家事を

こなし、八時間勤務してから夜間コースに出席するのはとても大変だ。ときどき、学位を取ることがこれほど苦労する価値のあることかという気持ちになる。しかし夫や子供や友人たちは、彼女にとってこの目標がどれだけ大切かということを知っているので、彼女を励まし協力を惜しまない。

10◆進行状況を評価する

目標は必ずしも数量化できて容易に評価できるわけではないが、それが可能な場合には、具体的な基準値を設定し、達成予定表をつくるといい。数量化できない場合でも、達成にどこまで近づいたかがわかる方法を考える。

リーは今年度の売り上げ目標を立てるにあたり、総額で八パーセントの増加をめざしたいと思った。それには新規の得意先を少なくとも四件開拓するか、いまの顧客への売り上げを増やす必要がある。リーはこれを月次目標に分解して、実際の売り上げと比べやすいようにした。もし月次の目標値にとどかなかったら、直ちに対策を取って軌道修正を図るというわけだ。

人事部長のキャシーの場合は、目標を数字化するのが難しい。この一年で達成したいことは、コンピュータのオペレーターを訓練する新しいプログラムの作成と、新しいタイプの総合的な給付金制度を研究して経営陣に報告すること、そして管理職と専門職のための業績評価のシステムづくりの三つである。

彼女はこれらの目標のそれぞれをいくつかのステップに分解し、ステップごとに予定表をつくった。そうすればそれぞれの完了にどれだけ近づいているかがわかるし、年度末には三つの目標がすべて達成できるように、予定表をにらみ合わせながら仕事を調整していける。

人は誰でも自分の知らない可能性を秘めている。だから自分でも思いがけないことができるのだ。

デール・カーネギー

目標設定とプランニングの八つのステップ

つぎにあげるのは、効果的な目標設定とプランニングの一例だ。たとえば私たちが資材の卸売り業者だったとしよう。これまでは主に建築請負業者に材料を卸してきたが、ホームセンターや百貨店やディスカウントストアなどの小売店にも販路を広げたいと考えている。ではどのようにして、そのセールスに取り組むか？　つぎがその八つのステップだ。

1◆何を達成したいのか？

プランの全体像を明確にする。最終的に何を得たいのかを明瞭な言葉にし、経営陣の合意を得る。

2◆現状を把握する

市場を検討し、現状を把握する。いま自社製品を販売するにあたって、自分たちの強みは何か、弱点は何か。

3◆目標を設定する

現実的な目標を設定し、プランが首尾よく実行されるようにする。具体的な目標がないと努力の方向が定まらない。短期、中期、長期の目標を設定すれば、短期の（日々の）目標の達成が、中期、長期の目標達成につながっていく。賢明な目標を設定するには、つぎのような点を考慮する。

a◆達成の過程と必要な資源が明瞭であること（すなわち新しい市場にどれだけ時間と努力を注ぐことになるかが想定できること）。

b◆客観的なデータで評価できること（たとえば初年度の第一四半期にはこれだけの市場シェアを獲得する、というように）。

c◆期限が明確であること（準備や実行など各過程に必要な時間を決める）。

4◆行動ステップを検討する

目標を達成するには、行動に優先順位をつけ、それぞれの行動ステップを具体的にする。行動ステップにはつぎのようなものも含まれなければならない。

a◆資金、資材、装備の調達。

b◆人員の手配。誰がその仕事をするか。現在のセールスおよびマーケティングのスタッフでやり遂げられるか。できるとしたら、どんな訓練が必要か。セールスとマーケティングのスタッフを新たに雇用する必要があるか。必要だとすれば、どんなスキルと経験を求めるか。

c◆セールスメソッドの検討。その販路を獲得するために、現行のセールス方法と変えるべきところがあるか。

d◆責任者の選定。誰がこの企画全体を取り仕切るか。

5◆費用を算出する

プランニングには、各行動ステップの予算作成も必要になる。人件費、備品費、消耗品費等、目的達成に必要なあらゆる費用を算出する。

6◆作業予定表を作成する

締め切りを設定し、作業予定表を作成して関係者全員に配布する。そうやって短期、中期、長期の各目標が明確に理解されるようにする。予定表をつくるときには現実的になる。また必ず文書のかたちにして誤解を避ける。

7◆実行

プランを実行に移すときに重要で、なおかつ見落とされやすいのが、目標達成にかんする各自の役割を関係者全員に確実に理解させることである。一致団結して取り組むことが大切だ。

8◆追跡と評価

プランニングにさいして忘れてならないことの一つが追跡と軌道修正のしくみである。作業の正確な記録を取り、遅れやずれがあればその原因を分析し、対策を立てて問題を解決する。首尾よく目標を達成するには、こういう要素に力を注ぐことが不可欠だ。要所要所にチェックポイントを設けることによって問題がすみやかに発見され、早い段階での調整や再評価が可能になる。

このように綿密な配慮のもとに目標を設定すれば、日々の作業に安心して集中できるし、進行状況を測ることもできる。そして職場であれ人生の他の場所であれ、自分たちにとってきわめて重要なことが着々と達成されているという確信がもてる。

まとめ

◆成功したすべての人が報告するのは、すべてが夢と希望から始まったということだ。夢が目標に変わり、目標から行動プランができて、当然の結果として夢がかなったと。

◆人生の目標を立てるときには、まず自分という人間を見きわめることだ。心の奥を探り、人生で本当にほしいものは何なのか、その目標を達成するのにどんな利点をもちあわせているかを考える。

◆妥当で達成可能な目標を設定することが、成功への第一歩になる。

◆目標を設定するときは、つぎの点に注意する。

- 目標は明確な言葉にする
- 達成できる目標を立てる
- 奮起できる目標を立てる
- 行動を通して達成される目標を立てる
- 目標は数字で表わす

・目標は書き表わす
・目標は修正可能である
・達成したら、すぐにつぎの目標を立てる
・目標は人に話す
・進行状況を評価する

第4章 印象のいい人になる

「本を表紙で判断してはいけない」とは昔からよく言われる。だが残念ながら私たちはたいてい人を「表紙」で判断している。つまり初めて出会ったときの容姿や身なりや態度物腰で。じっさい相手についての判断は、出会って三〇秒で下してしまうという人もいる。

第一印象はくつがえすのがむずかしい。よくない印象をもったりもたれたりすると、その後のつき合いに何年も尾を引くことがある。人によい印象を与えるにはいくらか考えと努力がいるが、やってみる価値は十分だ。

「成功者のイメージ」をもつ

成功した人々に会うと、その感じのいい人柄に感心することが多い。いかにも頼りになる人だ、ふところの広い人だという印象があって、あこがれを抱かせるし、いっしょにいるのが楽しい。逆に不愉快な人に出会えば、その印象だけでつき合う気がしなくなる。

私たちの印象、イメージ、ときには人柄と呼ばれるものは、世間に対して自分を表現する方法だ。私たちは他人といっしょにいるのを好む社交的な動物であるだけでなく、他人から注目されたい、好意的な目を向けてもらいたいという心的傾向がある。人から注目されるようないいイメージは、その大部分が洗練された態度や物腰、ことに礼儀正しさから発生している。如才ないことや気の利くことも好印象には重要で、おそらく礼儀正しさのつぎに大事な要素だろう。人はやるべきことが正確にわかり、適切なときに適切なことができなければならない。判断力と常識も、いい印象を求めるなら不可欠だ。

私たちにできる最良の投資は、礼儀正しくて愛想がよくて誠実で、温かく人を包み込むような態度物腰を身につけることである。人に喜びを与えられるような魅力的な人柄を養うことだ。それはお金や資産とは比べものにならないほど値打ちがある。なぜなら明るく楽しい魅力的な人にはあらゆるドアが大きく開かれるからだ。彼らはどこへ行っても歓迎されるし、あらゆるところから求められる。

人柄は獲得できる

権利と機会はすべての人に平等でも、知力や体力や身体能力が平等でないのは認めなければならない。しかしそういうものでも自己教育や自己開発で向上する。真剣に知識を求め、人にひい出ることを志す者は自然に成長する。私たちは獲得したい性格特性を選んで発達させることもできる。志すことの力は大きいのだ。

おぼえておくべき大事なことは、人を温かく包み込むような感じのいいイメージは自ら育てられるということだ。私たちのイメージを構成する要素のいくつかは、すなわち容姿や基本的な知能やある種の才能などは生まれつきかもしれない。だが内なる特性を最大限に活用し発達させて、人にあこがれを抱かせるようなイメージを身につける能力は誰にでもある。

望みどおりの理想的な人物にまで成長するのは簡単ではないだろう。だが強い願いと決意があれば、社交的で陽気で楽天的でポジティブな態度は育ちはじめる。つき合う人の誰からも賞賛されるイメージが徐々に身についていく。

いつも明るい心でいる

心のなかから苦々しいものやとげとげしいものがなくならないかぎり、そして毎日を恵みと受け止めて、楽しみ味わって過ごすのでないかぎり、不幸でおそらくは実りのない人生をおくることになる。

他人に対して長年、強い憎しみや激しい嫉妬心をもちつづける人がいる。本人は気づいていないかもしれないが、そういう心の姿勢のために、もてる能力を十分発揮できずにいるし、幸福も失っている。破壊的な空気を放射しているせいで、人は離れていくし、あちらこちらで反感を買い、何かにつけ不利な立場に立たされる。

心に怒りや嫉妬や憎しみなどの苦々しい思いを宿してはいけない。そういう頭の働きを妨げる思考を寄せつけないことだ。さもないと心の平和を失うだけでなく、能率が落ちたり仕事のできが悪くなったりといった報いを受けることになる。

復讐心などは無論のこと、他人に対していくらかでも好意的でない気持ちをもてば、それだけで私たちは十分に力を発揮できなくなる。私たちの知的機能は完璧な調和のもとに働くときに、すなわち周囲の世界としっくりとなじんだときに最高の仕事をする。心に善意がないと、心でも手でもいい仕事はできない。憎しみや復讐心や恨みはまさに毒なのだ。砒素が身体にとって致命的なのと同様に、そういう感情は心のなかの気高いものやすぐれたもののすべてに致命的な害をおよぼす。

一方、他人に対する温かい態度や善意の心は、憎しみなどのあらゆる有害な思考から私たちを最もよく護ってくれる。平和で穏やかな毎日をもたらし、人生から不和を減らして、いい人間関係を長続きさせる。

だいたいに憎しみや恨みや嫉妬や復讐心は、どれほど隠していようと、その人間の評判をひどく傷つけずにはおかない。彼らはなぜ人気がないのか、嫌われるのか、地域で頼りにされないのか不思議がられるかもしれない。苦々しい、屈折した、周囲となじめない感情があるときは、そういうものが人間的な魅力を抹殺してしまうのだ。

反対に優しく温かい、思いやりに満ちた思考を保ち、誰に対しても兄弟のような気持ちでいられれば、そして憎しみや妬みなどの苦い感情を寄せつけなければ、明るくて親切で魅力的な人というイメージが育っていく。

燃えるような熱意は、良識と忍耐という支えがあれば、最も成功を招きやすい性質だ。

デール・カーネギー

どんなときにも笑みを絶やさずにいられる人は、困ったことになるととたんに意気地のなくなる人とは比べものにならないくらい有利だ。逆風のなかでも微笑んでいられる人は、必ず勝利する人というイメージをつねに放射しているからだ。

いい第一印象をつくるポイント

初めて会った人の印象の決め手になるのは外見だ。見た目はその人がどう受け取られるかに決定的な役割を果たす。第一印象をつくる要素のなかには、都合のよいものであれ悪いものであれ、私たちにはどうすることもできないものがある。たとえば基本的な容姿は変えようがない。だが自分の長所を最大限に活かし、欠点と思われるところを最小限に抑えることは誰にでも可能だ。よい第一印象を残すのに美男美女である必要はまったくない。

◆勝負は最初の一〇秒

初めて会った人に対して、その人がどんな人間かという憶測や信念をもつのにものの一〇秒とかからない。またそういう憶測は、この人の着ている服はいくらぐらいかとか、この人は髪を染めているとかいないとかといった底の浅いものでは決してない。第一印象にはその相手の教育レベルからお金のあるなし、社会的地位、そして正直そうだとか野心がありそうだといった内面的なことまで、ありとあらゆるものが含まれる。相手に対するそういう広範な信念が、出会ってほんの一〇秒で、ほとんど無意識のうちにでき上がってしまうのだ。

◈◆◈ 決め手は外見

外見はいちばん初めに観察される。だから身なり風体はドアを開くものでもあれば閉じるものでもある。セールスパーソンなら誰でも腹立たしい思いをしているものだが、いわゆる「門番」が通してくれないせいで、お客さんになってもらいたい相手に面会できないことがある。招かれざる客は、受付係や秘書などに締め出されてしまうのだ。ある意味では彼らが私たちに抱く第一印象こそ、最も手強い門番かもしれない。しばしばそれのせいで、比喩的にも文字どおりにも、受け入れてもらえるかどうかが決まるのだから。

外見にかんする大量の信号は視覚的に伝達される。最新の脳科学研究では、視覚的な信号は通常の回路をバイパスして脳の感情中枢へ直接伝達され、ほぼ瞬間的に反応が形成されることが知られている。きちんとした身だしなみや適切な服装、感じのいい微笑み、そして礼儀正しさは、いい印象へのまさに第一歩なのだ。

人柄や能力を肯定的に伝えられるように身なりを整えれば、成功のチャンスはそれだけ増える。とはいえ今日のビジネスの場では、通常の服装としてだいたいの基準はあっても、これが正しいとか正しくないといったものはない。何がふさわしいかは業界、地域、文化などを考え合わせて、いくらか研究する必要があるだろう。

　フィリスがＡＢＣ広告代理店の面接を受けたときは、前日にその会社のロビーへ行って、そこで働く女性たちがどんな服装をしているかを観察した。するとそれまで勤めていた銀行とは大違い。ほとんどの女性がブラウスにスカートかズボンという格好で、きちんとしたスーツを着込んでいるような人は一人もいなかった。そこで彼女は面接にも、それ相応の服装で臨んだ。もしも銀行員風の身なりで行ったら、その職場環境になじめる人間には見られなかったかもしれない。逆に銀行の面接だったら、そんな気楽な格好では決していい印象をもってもらえなかっただろう。

他人に関心をもつ

あなたがいま話をしている相手は、
あなたやあなたの問題よりも自分のことに、
つまり自分のほしいものや自分の問題に
一〇〇倍も関心があるということを忘れてはいけない。
デール・カーネギー

外見や愛想のよさは、相手にいい印象をもってもらう最初のステップにすぎない。そのいい印象をふくらませるには「相手に心から関心をもつこと」だとデール・カーネギーは言った。

初めて出会った人に「あなたにとても関心がある」ということが伝われば、たちまち気持ちの通う親密な間柄になれるだろう。それにはまず相手の名前をおぼえて、その名前で呼ぶことだ。

仕事で出会った相手なら、その人のもち込んだ話や問題に真剣に耳を傾け、それに心から関心があることがわかるような質問をするといい。社交の場なら、あいづちを打ったり表情を変えたりして相手の話に反応し、興味があることを伝える。

自分が話すのに一生懸命で、相手の話をよく聴いていない人がとても多い。あるときジョンも、お得意さんになってもらいたい相手と面談しながら自社製品の説明を始めるチャンスを辛抱強く待っていた。相手はさっきから自分のことばかり話している。一方ジョンは、その製品のセールスポイントをどう話そうかということで頭がいっぱいで、その話は半分しか聴いていなかった。で、どうなったか？　ジョンは相手の本当のニーズを聴き逃してしまった。その人の心をつかむことができず、売り込みに失敗したばかりか、会社についても悪い印象を残すはめになった。

電話の第一印象

誰かとの最初の出会いが電話というのはよくあることだ。その後の人間関係が、最初の電話の印象で決まってしまうこともある。

ジェニファは腹立たしかった。先月買ったばかりの洗濯機がもう動かない。店に電話して店長に談判しなければならない。呼び出し音を六回鳴らすと電話がつながった。

「家電のジョーンズでございます。少々お待ちください」。それから永遠に待つのかと思われるくらいジェニファは待った。ついにあきらめて受話器を置きかけたとき、やっとオペレーターの声がした。

「家電のジョーンズでございます。ご用件を承ります」

「店長さんをお願いします」

「どのようなご用件ですか?」

「先月買った洗濯機が壊れたのよ」

「でしたら店長ではなく、サービス係におつなぎします」

ふたたび長いあいだ待たされたあげく、サービス係が電話口に現われた。ジェニファが説明を終えないうちに相手が口をはさんだ。「すみません、そういうのはうちじゃだめなんです。メーカーに言ってください。保証書に電話番号がありますから」。それだけ言うと電話は切れた。ジェニファがその店から二度と買わないのは明らかだ。

電話の印象をよくするには、まずは直ちに電話に出ることだ。話のなりゆきで相手を待たせることになったら、だいたいの時間を告げてから、こちらからかけ直したいと言う。相手が待つことを選んだときでも、ときどき誰かを電話口に出させ、「お待たせしてすみません。もしよければ、のちほどこちらからかけ直します」と伝えさせる。

電話で話すときには、相手の話や訴えを最後まで聴かなければならない。途中で口をはさんではいけない。もし自分が役に立てなかったら、相手がよそから必要な助けを得られるように、できるかぎり情報を与える。

職場の第一印象

ゲーリーはそのオフィスを見渡した。見るからに忙しい職場だ。人はばたばたと走りまわり、デスクは書類でごったがえしている。電話が鳴りっぱなしなのに誰も出ようとしない。彼の頭には「混乱」という言葉しか浮かばなかった。心に迷いが生じる。こんな会社と取引して大丈夫か？販売部の担当者とようやく会ったとき、彼の結論はこの第一印象でほとんど決まっていた。

ゲーリーの訪問した会社は、彼の注文に応える高い技能を備えていたかもしれない。しかし細かい不注意が積み重なって彼に悪い印象を与えたために、その後のあらゆることが、ほぼ自動的に拒絶されてしまった。

職場に訪問者を迎えるときは、顧客でも、銀行の貸付係でも、将来の従業員でも、政府の査察官でも、彼らが最初の一目で抱いた印象が、私たちをどう思うか、どうあつかうかに影響することをおぼえておくべきだ。修理工場は、医者の診察室ほど小ぎれいでなくてもしかたがないが、少なくとも他の修理工場に負けないくらいは片付いていなければならない。

店やオフィスを定期的にチェックするのはいい考えだ。掃除や整理整頓が行き届いているか、機器や用具が、使わないときはきちんと保管されているか、デスクの上に書類が散乱していないか、そして全体に、いかにも仕事熱心な空気に満ちているかどうかを確かめてほしい。

手紙の第一印象

時間管理のセミナーに出席したウォーレンは、社用の手紙に使う時間を大幅に減らす方法を伝授された。もらった手紙の下の余白に返事を書いて送り返せばいいというのだ。彼は直ちに実行した。たしかに時間の節約にはなった。しかしそれをすることで会社のイメージは下落した。

このやり方で返事を書いた相手とその後どうなったかを調べたときに、見込みのありそうだった商談が、結局は流れたことを彼は知った。「問い合わせに対する返信がちゃんとした会社のものとは思えない」という理由で。

ビジネスレターは世間に対する会社の顔だ。レターヘッド（便箋の上部に刷り込んだ社名や住所、ロゴマーク）は、望ましいイメージが表現できるようにデザインしなければならない。手紙文の誤字や入力ミスは、仕事がずさんか能力がないしるしと受け取られるかもしれない。聡明な読み手なら、言葉の使い方や文法の誤りにもすぐに気づくだろう。手紙は出す前に必ず丹念に読み返す。誤りは一つたりともあってはならない。

ボディランゲージが多くを語る

私たちがふだん無意識にしている仕草のなかには、少し気をつければ相手に好感を与えられるものがある。そういう日常の何でもないふるまいが、私たちの印象を大きく左右する。

社会言語学者のアルバート・メラビアンが、対面コミュニケーションにかんする大規模な調査を行なっている。それによると、言葉で伝えられた情報は、相手に伝わったこと全体の七パーセントにすぎなかった。声の高低や間の取り方、力の込め方といった音声的な特徴を通して三八パーセントが伝わり、なんと驚いたことに全体の五五パーセントが視覚的な信号、いわゆるボディランゲージを通して伝わっていた。

若き日のジョン・F・ケネディとベテラン政治家リチャード・ニクソンが行なった大統領選挙に向けての有名な討論は、いまや古典的な事例だ。ラジオで話や声だけを聴いていた人々は、ニクソンのほうがすぐれていると感じたが、テレビで非言語的な部分も観察していた何百万人もの国民は、正反対の印象をもった。ニクソンの顔の表情や、流れる汗や、手の動きが悪いイメージを与えたのだ。

◆姿勢

姿勢がよいのは（悪いのも）遠くからでもわかり、見た人の感情的な頭脳に直ちに登録される。身体全体のことなので、他の非言語的な信号よりわかりやすく目立ちやすい。研究によると姿勢のいい人は、だらしない姿勢の人よりも人望、野心、自信があって社交的で頭がいいという印象を与える。

姿勢を直そうとすると、初めは何だか無理にそり返っているようで、ぎこちなく感じられるかもしれないが、他人を観察するといい。背筋を伸ばし、胸を張り、下半身の安定した立ち方をしている人たちを見れば、そういう姿勢がいかに人を堂々と立派に見せるかがわかるだろう。あなたもきっとそう見える。

◆表情

うなだれている、眉がつり上がっている、あるいは視線が空ろといった顔の動きや表情は、非言語的なコミュニケーションの重要な部分を担っている。顔にはつねに「穏やかな表情」をたたえることが最良の印象を与える。

なかでも影響力があるのが微笑みだ。ちょっと微笑むだけでも相手に同意してもらえる率が上がるし、微笑みかければ、相手もほぼまちがいなく微笑みを返してくれる。たんなる反射ではなく、こちらの微笑みによって温かい幸せな気持ちがふいにわき上がったからだ。

偽りの微笑みは、微笑まないのよりもっと悪い印象を与える。信頼できる微笑みは、やりとりするなかで肯定的な思考が浮かんだときに、心のなかから自然にわき上がり、顔全体に広がるものだ。

◆アイコンタクト

目を合わせて話をすると、自信や正直さや、相手に興味があることが伝わる。目をそらすのは、ふつうは恐怖心、嘘、敵意、または退屈のしると受け取られる。ちなみに研究によれば、就職希望者と面接するときは、終始目を合わせて話をすると、包み隠しのない、人柄のよくわかる答えを引き出すことができる。学校では生徒の理解率や記憶率が、教師のアイコンタクトに比例することがわかっている。

◆握手

欧米では、人を紹介されたら必ず握手をする。いい握手は、その人の自信や活力や情熱についての重要な情報を暗黙のうちに伝える。また二人の気持ちをたちまち結びつけて、おたがいをより大らかにし、正直にする。

フィードバックを利用する

自分の印象を改善したいときにいちばん障害になるのは、おそらく他人の目で自分を見るのが難しいということだろう。研究によれば、私たちは他人よりも批判的な目で自分をながめている。その一方で、自分の直すべきふるまいにまったく気づかないことがある。自分の印象を正確につかむには、つぎのような方法を使うといい。

◆自分のふだんの様子をビデオに撮る。
◆鏡の前でしゃべってみる。
◆信頼できる人に正直に批評してもらう。
◆相手——とくに影響を与えたい相手——の反応を観察する。

「大人物のイメージ」に近づく

有能な経営者タイプの人を描写するとき、必ずといっていいほど口にされるのが「信頼できる人」ということだ。この人なら一度口にしたことは必ず実行するし、きっといい結果を出すにちがいないと思えるような人柄だ。

何か新しい行動を取ろうと思い立ち、その決心を貫くと、最も重要な見物人に、すなわち私たち自身のなかに、自分への信頼感が生まれる。ためらう気持ちを克服して、やり遂げる力があることを自分に証明したからだ。

人の言うことなんか気にしないで、みんなが感心するようなことをなし遂げることに全力をあげてごらんなさい。

デール・カーネギー

人柄は行動と密接に結びついている。片方を変えずにもう片方を変えておくのは事実上不可能だ。だから手っ取り早い方法はないものの、何かにつけ最善の行動を取っていけば、信頼感という鎖の輪が一つずつつながって、やがて私たちのあこがれる「大人物のイメージ」を支えられるようになっていく。

この作戦を成功させるには、仕事上の重要な目標を一つ取り上げる。とても重要なのに先送りしていたことや、手をつける気の起きなかったことがいい。最初のステップを踏み出せば、たとえ小さな一歩でも目標に近づける。そして何が達成されたかを分析し、そのステップが完了したと確信したら、つぎのステップを選ぶ。それを続けていけば、知らないうちに望んだとおりのイメージが身についているだろう。

もちろん自分の欠点に気づいていたら直さなければならない。欠点や弱点のなかには容認してはいけないものがある。自分の弱点についての誤解を見つけて取り除くことができると、そういうところを強くすることに建設的に取り組むエネルギーがわく。

ベンジャミン・フランクリンが自伝にこう書いている。「数々の悪いふるまいを全部いっぺんに改めようとしていたあいだは何年努力しても成果がなかった。だがある一つのふるまいに的をしぼり、その一つを人生から締め出せたらつぎの一つに取り組むようにしたところ、見事にうまくいった」

堅固な自己イメージを育てる

自己認識や自信といった堅固な土台をつくることなしに、他人にいいイメージを与えようとするのは、抗生物質が必要なときに絆創膏《ばんそうこう》を貼るのと同じだ。健康な身体を築かずに、表面的な症状だけ治そうとすることだ。

本当にいい人間関係は、相手に自分をさらけ出せるかどうかにかかっている。それは私たちのほとんどにとってとても恐ろしいことで、自分という人間によほど満足していないかぎりできないことだ。それに私たちは自分自身を受け入れていないかぎり、どんなに求められても他人を受け入れることもできない。

人を幸福にするのは、

その人がどういう人間かとか何をもっているかではない。
幸福はその人が何を考えるか、
ただそれだけにかかっていることをおぼえておこう。
デール・カーネギー

「そういうふりをしていると本当にそうなる」という知恵を伝授されたことがあるかもしれない。これは短期間の作戦としてならひじょうにすぐれている。新しい状況に直面すれば、たとえ心の底では自分の力を信じていても、不安になるのは避けられない。そういうときは深呼吸を一つして、思い切って飛び込むのがいい。ちょうどプールへ飛び込んだときのように力とエネルギーが自然にわいてきて、すぐに水面に顔を出せるだろう。

しかし自分のなかに堅固な自己像がないかぎり、「全員をいつまでもだましておく」ことはできない。だったらそんな面倒なことはやらないことだ。表面を取りつくろうのではなく、自分の価値と能力についてしっかりした意識を築き直すことに時間とエネルギーを投資するべきだ。

そういう自己認識はいろいろな方法で育てられる。自信を復活させる重宝な道具の一つは、過去の業績を見直すことだ。本書の第1章で述べたような「成功ファイル」の作成もその一例だ。かつての成功体験をふり返ることは、自己イメージを強化する確実な方法になる。

ポジティブな姿勢をもつことは、すぐれた人間像を求めるときにはどんな領域に対しても重要だが、自分自身に対する姿勢ほど、それが決定的に大事なところは他にないだろう。人はほとんど誰でも、たとえ成功しているように見える人でも、自分に対するネガティブな言葉がいっぱい詰まった心の鞄をひきずっている。親や教師や上司や同僚からの言葉もあれば、自分の想像力から来たものもあるだろう。だが私たちにはそういうメッセージを塗りかえて、意識的な選択によって肯定的な信念をつくる力がある。その方法——ネガティブなメッセージを克服して、ポジティブな自己イメージを保つ方法については第6章で述べたい。

自分の印象は変えられる。心に堅固な自己イメージができれば、それが外界へ放射されるからだ。ポジティブで温かい、人を喜んで受け入れる人間というイメージを育てることに時間と努力を惜しまなければ、必ず誰からも受け入れられる人間になるし、ビジネスの場でも友達づき合いでも、より堅固な人間関係を築くことができる。

まとめ

◆私たちにできるきわめて有利な投資の一つは、礼儀正しく大らかで、真心のあふれるような態度物腰を身につけること、すなわち誰からも好かれる魅力的な人柄を養うことだ。

◆怒りや憎しみなどのネガティブな感情はマイナスにしか働かない。いつも明るく思いやりに満ちた心でいる。

◆人に与える第一印象は、最も手強い門番だ。比喩的にも文字どおりにも、それが往々にしてドアを開けてもらえるかどうかを決定する。

◆電話の相手にいい印象を与えるには、鳴ったらすぐに取る。苦情や訴えは最後まで聴き、決して口をはさんだりしない。自分が役に立てないときは、相手が必要な助けを得られるように、できるだけ情報を与える。

◆ときには他人の目で自分の職場をながめてみる。ビジネスレターは世間に対する会社の顔と心得る。

◆ボディランゲージが相手に与える印象を大きく左右する。自分のふるまいを客観的に見る努力をする。

◆人柄は行動と密接に結びついている。最善の行動を続けていれば、それが確たる自己イメージを作ることにつながる。

第5章 モチベーションを高める

どんなときにも希望に満ちた姿勢を失わないという習慣ほど、私たちの将来を明るくするものはないだろう。事態は必ず好転する、自分たちはきっと成功する、そして何が起ころうとも、また起こらずとも幸せになると信じていることだ。だが残念なことに、きっと失敗するだろうとか、自分は運が悪いといった考えをもつことによって、初めから成功のチャンスを減らしてしまうことがある。他の言い方をするなら、心の姿勢が成功に不向きなときだ。そんなときは失敗が呼び寄せられることもある。成功はまず心で達成される。心が疑いの姿勢なら、結果もそれ相応のものになる。だからそんなときは自分を奮い立たせて疑いを吹き飛ばし、成功への道を進まなければならない。

自信が揺らぎはじめ、うまくいかない気がしてきたら、自分に檄《げき》を飛ばすといい。自分は必ず成功すると声に出して何度も何度も自分に言い聞かせる。声に出した言葉には、心のなかでくり返すだけではわいてこないような力がある。耳で聞いた言葉は、より強く永続的に心に刻まれるのだ。素晴らしい演説や説教を聴いていると、活字で読むのとは比較にならないほど力強く、感動的に聞こえるのは誰でも知っているだろう。私たちは思考を脳に運ぶ冷たい活字は忘れても、耳から入った熱い言葉は忘れない。内なる自己により深い刻印が残されるからだ。

自分に四六時中言い聞かせていると、勇気や喜びや、力強さや安らぎに満ちた考えが自然に浮かぶように自分をしつけることができる。感謝すべきいろいろなことを自分に言い聞かせていると、空高く舞い上がって歌うような考えで頭をいっぱいにできる。

デール・カーネギー

目標を達成した自分の姿をありありと目に浮かべる。成功した人々を手本にし、「成功を呼ぶ思考」をいつも頭に置く。そうやって成功へのモチベーションを保つのは私たち自身の責任だ。

モチベーションとは何か

motivation《モチベーション》という言葉をながめていると、これがmotion《モーション》という言葉とつながっているのがわかる。モーションとは「動き」。モチベーションとは私たちを「動かす」ものだ。人を立ち上がらせ行動を取らせるもの、私たちを行動へと駆り立てる「意欲」といっていい。

自動車生産のパイオニア、ランサム・E・オールズは、人間を自動車にたとえるのを好んだ。自動車がエンジンで走るように、人にも体内に自分を走らせるエンジンがある。それが「やる気」という内燃機関だと。

自動車のエンジンを動かすのに燃料が必要なように、自分を動かすにも燃料がいる。あらゆる自動車エンジンが同じ燃料を使っているわけではない。ガソリン、電気、軽油、なかには蒸気で走るものもある。人を動かす燃料も同じではない。金持ちになりたいとか有名になりたいといった欲望がモチベーションになっている人もいるし、素晴らしい音楽をつくりたい、絵を描きたい、発明を完成させたいといった気持ちにつき動かされている人もいる。幸福や満足感を手に入れたくて、がむしゃらに働いている人もいる。

そういう燃料を補給して、モチベーションを高めてくれるのは誰か？　それはとびきり成績がよかったら給料を上げてくれる雇い主かもしれない。ご褒美で励ましてくれる財団や大学や政府のこともあるだろう。あるいは自分が経営する会社の高収益かもしれない。外界のいろいろなものが私たちに燃料を補給してくれる。しかし成功に向かって高いモチベーションを保っている人々は、明らかに自前の燃料をもっている。他の何よりも自分をやる気にさせるものは、自分の心のなかにあるものだ。自分を信じ、自分は必ず成功すると信じていれば、心のなかに無尽蔵の油田ができる。その尽きることのないエネルギーが私たちを動かしつづける。

絶えず自前の燃料を補給して自らモチベーションを保つには、内なる軍隊を総動員しなければならない。第一には心の姿勢だ。心身を奮い立たせ、成功に必要な特別の努力をさせなければならない。そして自分と自分の目標を信じ、モチベーションを支える土台をつくる。これは困難や失望にみまわれたときに、それを乗り越える土台にもなるだろう。

夢を現実に変えるのは自分

理想を実現できない人が世間にこれほど多いのは、実現に必要な自分の役割を進んで果たそうとしないからだ。こんなことをやりたいという欲望やあこがれがあるだけでは、野心という名のタネを蒔いたにすぎない。そのあと何の手入れもしなければ、大した収穫は望めない。耕しもせずにタネを蒔き、そのあと肥料もやらず、草取りもしなかったら、豊作を望めないのと同じだ。理想の実現に全力を尽くすという偽りのない決意と、身を粉にする努力で後押ししてやらないかぎり、あこがれは実を結ばない。

何をしたいという欲望をただ抱いただけでは、どれほど強く、どれほど辛抱強く抱きつづけても、その夢は実現しない。あこがれや欲望というタネを蒔いたら肥料を与え、世話をして大切に育てる。そうしないかぎり刈り取れるのは雑草だけだろう。野心の世話をしなかったために、ろくな収穫のなかった男女を私たちは至るところで目にしている。彼らはどうにか生きていくだけの作物さえ手にすることができないかもしれない。タネ蒔きのあと、何の世話もしなかったというただそれだけのために。

欲望や野心を大切に育てること、すなわちそれを達成するための懸命な努力によって心のあこがれ、魂の切望を生き生きと健全に健康に保つこと、それだけが私たちにとって夢を現実に変えられるただ一つの方法だ。

私たちがこの人生に築くものは、まだ目に見えない。それは心のなかのプランだ。私たちはいま将来のためにその土台を敷きつつあり、そして頭に思い浮かべる予想図によってそこに限界を設けている。プランより大きなものはつくることができない。頭のなかのプランがつねに先行するからだ。私たちの未来の建物は、いま思い描いていることが一つひとつ実現しただけなのだ。未来はたんに現在の続きだ。私たちの思考習慣が、すなわちいちばん優勢な心の姿勢が、人生における私たちの居場所を決める。自分をあるべきところに置き、あるべき自分におさまらせる。そこは広くて、どんどん発展し拡大していくところかもしれないし、だんだん狭く窮屈な、さえない場所になるところかもしれない。どちらになるのも私たちの心のプランしだい、抱きつづける未来図しだいなのだ。

成功する人はおそらく無意識のうちに、富への特効薬、成功への特効薬をつねに自分に与えている。それは自分を励まし心をポジティブにすることによって、自信を失わせたり貧しさを呼び寄せたりするようなネガティブな思考のすべてに対して免疫力をつける薬だ。成功への思考と富への夢を片時も手放さないこと、そして成功した未来をつねに思い描き、予感し、それを手に入れる努力をすること——それが自分で気づいていようがいまいが、富と成功への特効薬だ。

的をしぼる

レストランのウェンディーズを創業し、米国屈指のファストフード・チェーンに育てたデイヴ・トーマスは、貧しい家庭に生まれ育ったが、つねに自分を信じていた。あるとき成功の秘訣は何だと思うかとたずねられ、こう答えている。

「目標に集中するということだ。いっぺんにあれもこれもやろうとして気を散らしてはいけない。モチベーションが成功のカギであるのはまちがいない。自分をやる気にさせるのが何かを自覚していなければならないし、その気持ちが正直で、大事にする値打ちがあることもわかっていなければならない。だがあまりいろいろなものにやる気を出していたら、あちこちで衝突して身動きがとれなくなってしまうだろう。的をしぼるというのはとても大切なことだ。つぎのステップでは何がモチベーションになるかをよく考えることだ。夢を追いなさい。ただし現実離れのしたものではいけないがね。人にほめられたくてやっていたりすると、とことんやらずに終わってしまうかもしれない。ただ成功をじかに見つめることだ。そうすれば何をすればいいかも、何を犠牲にするべきかもわかる」

たしかにほめ言葉には注意が必要だ。すっかりいい気になって、やる気を失うことがある。その逆にも同じことが言える。批判されたりアイディアを却下されたりすると、私たちは簡単に投げ出してしまう。もちろんつねに自分が正しいとはかぎらない。だが自分はまちがっていないという確信があるなら、やり遂げる努力を続けるべきだ。

私たちや私たちの夢のことを人がどう言おうと、モチベーションに影響させてはいけない。けなされたからといって落胆する必要はないし、ほめ言葉にのぼせてもいけない。

小さいことに大騒ぎしない。
人生のちっぽけな白アリに幸福を台無しにさせてはいけない。

デール・カーネギー

自分がどこへ行きたいかという明確な意志と、必ずそこへ行き着けるという自信、この二つのことが心にあれば、人に何を言われようとふり回されることはない。

批評をはかりにかける

人からもらったほめ言葉や批判をうのみにしてはいけない。もちろん上司からの批判は真剣に聴くべきだし、同僚や部下にどう言われているかを知るのも大事なことだ。配偶者や父母や、大切なお客さんや支援者の批評に耳を傾けることも、同様に重要だ。

成功者は、自分について人から言われたことを慎重にはかりにかける。私たちはみな人間だ。上司は純粋に「よくやってくれた」という気持ちを込めて、あなたの肩を叩くかもしれないが、難儀な仕事を割り当てようとしているときも、そうするかもしれない。

ただし、あらゆる物陰に殺し屋が潜んでいると考えるのは賢明でもないし、必要でもない。成功者は決して冷笑家でもないし、懐疑論者でもないのだ。

ほめ言葉がつねにお世辞とはかぎらないし、批判がすべて言いがかりでもない。だからこそ私たちには自分が何をめざしているかという明瞭な目的意識と自信とが必要なのだ。

人生をはかるものさしは何百万通りもあるという真実を忘れてはいけない。そのときの自分にぴったりのものさしを選ぶことが、モチベーションを保っていける最大の秘訣かもしれない。やる気満々でゴールに到達してほしい。

仕事を楽しむ六つの方法

私たちの人生はその大部分が仕事に費やされる。仕事が楽しければ、明らかにやる気が長続きしやすい。だからできることは何でもして仕事を楽しくするべきなのだ。ただし、いくら楽しくても忘れてはいけない。そこは仕事場だ。楽しみは仕事を支えるものでなければならず、じゃまになってはいけない。

インテルに草創期から参加して、長くＣＥＯ（最高経営責任者）の座にあったアンドリュー・グローヴは、モチベーションを高めるのは達成の満足感だと信じている。一つの勝利が自信を生んで、さらに大きな勝利がほしくなる。一つの達成がさらに大きな達成につながっていくのだと。つぎにあげるのは、彼が自分のモチベーションを高めるのに役立つとしている六つの方針だ。

1◆達成を祝う

大きい仕事の完成に至る長い道のりをいくつもの短いステップに分割して、できるだけ多くの「一里塚」を立てる。そしてそういう一つを達成したときに、仲間内でごくささやかなお祝いをする。といっても働いている他の仲間の気が散るようなことはするべきでない。上司もいっしょになって、おたがいをちょっとからかい合うぐらいで十分だ。

内部的な軽い競争心も保てる。

2◆仕事を交代する

同じ組織内ではあっても、できるだけ工夫して仕事を交代する。どんなにいい職場でも、しばらく同じ仕事をしていると飽きてくるし、ずっと同じ仕事をしていたらエネルギーや意欲を維持するのがもっと難しくなる。ときどき仕事の割り当てを変えて違う仕事をするのは、仕事に興味を失わないためにも、またスキルを豊かにするという点でもいいことだ。

3◆同僚と仲良くする

同僚は通常とても重要な存在だ。職場でやることは何でもほぼまちがいなく同僚の仕事とつながっている。仕事が順調に運ぶのは彼らのおかげ、彼らもまたこちらを頼りにしている。

どんな仲間と働くかは、快適に働けるかどうか、楽しく働けるかどうかの最大の決め手になる。仲間と気が合うかどうかで毎朝会社へ来るときの気分も変わる。同僚とうまくいかないと仕事に支障が生じ、それはグループ全体の業績にも影響する。そういう問題を解決することは、個人の気分のためだけでなく会社の生産性のためにも重要だ。

4◆やりがいを見つける

仕事のすべてを好きになるのは不可能だ。あまりの大変さに参ってしまうこともあるし、退屈することもある。しかし総体的には楽しいと思えることが必要だ。自分のしている仕事が組織のどこにどう影響するかを調べるといい。そしてだまされたと思って、少し熱心にその仕事に取り組む。すると何かの拍子に気持ちが変わって、いつのまにか仕事が相棒になっている。

5◆達成に集中する

結果を出すこと、業績を上げることだけにすべてを集中させる。どんなやり方でもいい。誰のアイディアでもかまわない。なりふりかまわずやる。自分の仕事を尊重している者の仕事は、すべて尊重されるべきだ。職場に重要でない人間など一人もいない。一つの組織を機能させるにはたくさんの人間が必要なのだ。

6◆誰に対しても正直になる

この原則を貫くのは容易ではない。あちらこちらで多少の妥協をする言い訳や理由はいくらでも見つかる。あの人たちは真実や悪い知らせを聞く用意がないからとか、いまはその時期ではないからとか。こういう都合のいい正当化につい屈することが、往々にして道徳的に誤ったふるまいにつながり、悔いを残すことになる。行き詰まったときは立ち止まり、納得のいく答えが見つかるまで考えることだ。

自分のしていることは正しいと信じ、
自分にはそれをする力があると信じ、
何が何でもそれをやり遂げたいと思いなさい。

デール・カーネギー

仕事をおもしろくする

モチベーションを高める外からの要素には、承認される、評価される、課題を与えられるといったことがある。公平なあつかいもその一つだ。しかし大方の行動科学者が合意しているのは、最も効果的なのは仕事そのもののおもしろさだということだ。仕事そのものが退屈でやりがいが感じられなかったら、外からどんなにやる気をあおってもあまり効果はないだろう。反対に朝は誰より早く出社して、夕方は家に帰りたくないというほど仕事がおもしろければ、人から何も言ってもらわなくてもモチベーションは下がらない。

残念ながら今日の企業では、仕事の大部分が判で押したように変わらない日課だ。そういうものにわくわくするのは、不可能ではなくても難しい。これを乗り越えるには、仕事をおもしろくする方法を見つけることだ。

◆◆◆自分と競争する

ドゥニーズはパソコンを使って自宅で仕事をしている。会社からデータを受け取り、プログラムに打ち込んだり計算シートをつくったりといった作業だ。一度やり方をおぼえてしまえば正確に仕上げられたし、締め切りにもゆうゆう間に合った。

何カ月か経つと、ドゥニーズは毎日の決まり切った仕事にすっかり飽きてしまい、初めのころとは違って仕事を受け取るのが嫌になった。朝もいろいろな言い訳を見つけては、取りかかるのを後回しにする。

もっと違う仕事がしたいという要求は聞き入れてもらえないとわかったとき、彼女は意欲の低下を乗り越える方法を自分で見つけることにした。「私は負けず嫌いだから、スピードを競うコンテストだったらすごくがんばれる。競争相手がいないのなら自分と競争すればいい」

つぎの仕事を受け取ると、仕上げるのにかかった時間を部分ごとに計り、ミスを調べて訂正し、その記録をとった。この作業をくり返し、仕事の内容のいろいろな違いも考慮に入れて一つの基準ができ上がると、仕事を受け取るたびにその基準と競争した。こうして記録に挑戦することによって彼女はやる気を取り戻し、いまではさらにモチベーションを高めようと、他の課題も手順にくわえることを考えている。

◆◆◆職場全体のやり方を変える

保険会社で支払い請求の処理係になったジェニファは、仕事が単調で息が詰まりそうだった。支払い請求の処理は「流れ作業」なのだ。スタッフはそれぞれ請求書類の一部分だけをチェックし、問題がなければつぎのスタッフに回して、その人がつぎの部分をチェックする。もし記入ミスや判断に困ることがあれば、その書類はわきへ取り除かれて専門の職員に回される。作業効率の点では、このやり方はじつにすぐれていた。しかし仕事は退屈で、やりがいがないものになる。ジェニファは上司に相談をもちかけ、もし担当する範囲を拡大してもらえれば、仕事がもっとおもしろくなるだけでなく、能率もきっと上がるだろうと提案した。上司はこの意見を受け入れ、彼女といっしょに新しい作業システムを開発する。その結果「流れ作業」はなくなり、請求書類全体を一人でチェックする新しい方式が誕生した。記入ミスの訂正や、判断の依頼もそのスタッフの仕事になった。これによってスタッフには追加の訓練が必要になったし、初めのうちは能率が落ちた。しかしこの新システムはジェニファだけでなく、職場全体にとてもいい結果を生んだ。全員が関心をもって仕事に取り組む、きわめてモチベーションの高いチームができ上がったのだ。離職もズル休みも、仕事への不満も大幅に減り、新システムが完全に定着するころにはスピードと正確さも以前をしのぐほどになっていた。

落胆に身を任せない

アメリカの産業史上最高の成功をおさめた人物の一人が「鉄鋼王」と言われたチャールズ・M・シュワッブだ。シュワッブは人生の戸口に立った貧しい少年だったときから、自分に成功への「特効薬」を与えてきた。

絶対に成功する、金持ちになるという決心は、彼の心のなかで一度も色あせることがなかった。失望や落胆には何度もみまわれた。もしもそのまま落胆に身を任せていたら、決して偉大な実業家にはなれなかっただろう。富と成功への夢にしがみつくことで、ネガティブな、自己破壊的な、希望を失わせるような思考に打ち勝つことができたのだ。

心の炎が消えないうちに

アイディアも夢も決心も、日々新たに私たちのもとへやってくる。いますぐ行動することだ。明日にはべつのインスピレーションや思いつきがやってくるかもしれない。だが今日は、今日やりたいことを実行するべきだ。

画家の心には稲妻のようにまぼろしがひらめく。まぼろしは画家の心を離れず、そのたましいをとりこにする。だが画家はいまアトリエにはいない。まぼろしをカンバスに写し取る手立てもない。するとまぼろしは心のなかで、しだいに色あせていく。

作家の頭脳には力強く清々しい思想がひらめき、彼はすぐさまペンをつかんで、その美しい心象と魅力的な観念を紙上にとどめたいという耐えがたい衝動にみまわれる。しかしその瞬間それはかなわない。そして待つことはほぼ不可能と思えたにもかかわらず、彼は書くことを先延ばしする。その心象と観念につきまとわれても何度となく延期する。そのうちそれらはだんだん不鮮明になり、ついには消えうせて永久に失われる。

成功を実現するのはプランの実行だ。大志を果たす決心はほとんど誰でもできる。しかしその決心を実行に移せるのは、強く決然とした人間だけだ。

実行に移すのが無理なときにアイディアや衝動がやってくるのは仕方のないことだ。飛行機に乗って長旅をしている最中のことも、他の企画で手一杯のときもあるだろう。アイディアは真夜中にもやってくる。

すぐれたアイディアを死なせてはいけない。ベンジャミン・フランクリンはつねにメモ帳と鉛筆を手放さなかった。ポケットにも、ベッドサイドにも、デスクにも備え、アイディアがわいたらその場で書きとめた。そして時間ができたときに必ず読み直して、できるだけ早く実行した。今日の私たちならたとえどこにいても、携帯端末に打ち込んだり吹き込んだりすればいい。

思考という動力

成功についてただ考えているだけでは何も起きない。思考には行動がともなわなければならない。どれほど思考をめぐらせても実際に骨を折る必要がなくなるわけではない。しかし考えることは、どんな骨折りが必要なのか、どうやってそうするかをつかむ手段だ。

考えをもたずに仕事に取りかかってはいけない。まずはしかるべき考え方、すなわち目標をめざすのに適した心の姿勢をもつ。それからその夢を実現するのにやる価値のあるすべてのことに懸命に取り組む。

実際のところ、心が動かさないかぎり何も動かない。まず行動に先立って思考がなければ何一つ始まらないのだ。思考があらゆるものを動かしていく。思考は私たちが五感を通して感知するものごとの、すなわち現実世界の第一の動力なのだ。

たとえばビジネスを実際に拡大するものは、拡大の方法や手段を考えたり改善や改良のプランを立てたりして、つねにそのビジネスについて考えていることだ。思考、プラン、熱意、成功への夢、それらのすべてが活力となって、私たちの知的な磁石のパワーをどんどん強め、ほしいものを引き寄せてくる。

私たちの仕事やビジネスがどういう性質のものであれ、どんな繁栄や、幸福や、幸運を理想とするかをいつも頭から離さなければ、心がそういう理想像の方向にセットされる。そして私たちの努力を驚くほど助け、どんな状況のもとでもつねに明るいほうを向かせてくれる。この心の姿勢は驚くほど自信を支えてもくれる。自分自身についてよく考えるようになるし、誰に何を言われずとも意欲がわく。そしてもっと大きな可能性が行く手に見えてくる。

やると決めてかかる

自らモチベーションを高めるいい方法の一つは、達成したいと思うことを、これは何が何でも達成するのだと頭から決めてかかることだ。そうすれば順調にいかなくても、障害を乗り越えられそうになくても、失望が頭をもたげても、その決意の強さが闘いつづける気力をくれる。チャンピオンは絶対に「無理だ」とは言わない。障害を乗り越える方法を何としてでも見つけようとする。チャンピオンだからといって、つねに勝てるとはかぎらない。しかしまず勝とうとしないで負けたりは決してしない。つねに勝つ気でいるからだ。

モチベーションがアイディアを生む

モチベーションの基本的成分の一つは考えることである。仕事に手をつける前に、それについてとことん考え抜くことはきわめて重要だ。名人と呼ばれる人たちは、すべて段取りしてからでないと仕事にかからない。

作業が複雑なときは、段取りに仕事そのものと同じくらい時間をかけなければならないことも多い。腕利きのセールスパーソンは、セールスの電話をかける前に、起きそうな事態とそれにどう対応するかをすべて考えておく。有能な経営者は決定を下す前に、その決定から派生するあらゆることを考える。これは演劇や映画や、テレビやスポーツで頂点に立つ人々についても同じだ。

ニューヨーク市の塗装業者ノーマン・ストラウスは悩んでいた。市内最大の屋内スポーツセンター、マディソン・スクエア・ガーデンの塗りかえ工事の入札期限がこの週末に迫っている。難題は天井の塗りかえだ。一階の床から三三メートルもある。通常のやり方だと天井近くまで鉄パイプの足場を組み、そこに職人が立って吹き付け作業をする。足場を組む費用はどの業者もほとんど同じ。入札価格を大幅に下げるただ一つの方法は、足場を組まずに天井を塗る方法を見つけることだ。それができない相談だというのは誰もが知っている。ならばなぜそんなに悩むのか。

ノーマン・ストラウスはあきらめなかった。何が何でも成功する気でいたから、この問題を解決しないわけにはいかないのだ。その日の帰り道、電気会社の作業員が街灯の修繕をしているところに出くわした。なんと高所の電灯の交換にクレーン車を使っているではないか。先端に人を乗せる箱がついたタイプだ。「これを使えば天井に届くじゃないか!」。翌日調査に出かけると、そのプランはうまくいきそうで、しかも安上がりなことが判明する。ストラウスはライバルの業者よりはるかに低い価格を提示して、見事にその仕事を勝ち取った。

日々前進することの意義

成長を続けたい人は、能力を高めたい人も才能をみがきたい人も、つねに自分の過去の記録をこえられるように努力を続ける必要がある。個人的向上や職業人としての進歩をはかる機会は、いつでも進んで利用する用意がなければならない。

どんな仕事であれ、確実に進歩できる方法が一つだけある。それはさらに上をめざす努力を毎日必ずすることだ。ときどきやるとか、たまにやるだけでは、たとえそのときはどんなにがんばっても、結局はあまり役立たない。最終的に平均したときに最もものを言うのは、毎日の小さな進歩だ。

昨日の名作や快挙は、今日栄光の座にとどまっていい理由にはならない。明日それをこえていくための励みにしてほしい。

自分自身にも他の何者にも、私たちの自信を揺さぶらせてはいけない。自分への信頼を壊させてはいけない。自信はあらゆるすぐれた業績の、まさしく土台なのだから。自信がなくなれば構造全体が崩れ落ちる。自信があるかぎり私たちには希望がある。ときには不敵なほどの揺るぎない自信と自己への信頼がなければ、大きな仕事は決してできない。

まとめ

◆モチベーションを高めてくれるものは、自分の心のなかにある。自分の力を信じ、必ず成功すると信じていれば、体内に尽きることのないエネルギーが湧く。

◆何かをしたいという欲望を抱いただけでは、その夢は実現しない。タネをまいたら肥料を与え、世話をして育てること。それだけが夢を現実に変えるただ一つの方法だ。

◆ほめ言葉や批判をうのみにしてはいけない。つねに自分が正しいとは限らないが、明確な目的意識と目標をもってやり遂げる努力を続けるべきだ。

◆モチベーションを高めるために役立つ六つの指針

- 達成を祝う
- 仕事を交代する
- 同僚と仲良くする
- やりがいを見つける
- 達成に集中する

・誰に対しても正直になる

◆仕事を自分でおもしろくすれば、モチベーションは下がらない。

◆アイディアや夢は、日々私たちのもとへやってくる。しかし、考えているだけでは何も動かない。達成したいことを何が何でもやると頭から決めて、小さな進歩でもいいから即実行に移すことだ。

第6章 もっとポジティブになる

自分という人間のあらゆる面に肯定的であることはとても重要だ。それなのに自分ほど自分を批判的な目で見る者も他にないだろう。アメリカの大統領夫人だったエリノア・ルーズヴェルトのよく引用される言葉にこんなものがある。「だめな人間だと自分で思っていないかぎり、誰もあなたにそう思わせることはできません」

私たちのほとんどは、どんなに成功しているように見える人でも、自分に対する否定的な言葉がいっぱい詰まった心の鞄を引きずっている。親や先生や上司や同僚からの言葉もあれば、自分の想像力から来たものもあるだろう。だが私たちはそういうメッセージを意識的な選択によって塗りかえ、肯定的な信念につくりかえる力をもっている。

ときには他人から、自分の肯定的な面をしめすものをもらうことがある。そういうものをもらったら、しっかり握って離さないことだ。第1章でも述べたように、ファイルかノートにリストをつくるといい。そこに人からもらったほめ言葉や感謝の言葉、いい批評やいい評価など、自分の力を具体的に証明してくれるものをすべて集めていく。そう、「成功リスト」だ。

楽天家であれ

いつも希望にあふれた姿勢でいることほど将来を明るくする習慣はないだろう。事態は必ず好転する、決して悪いようにはならない、自分たちはきっと成功する、決して失敗などしない、そして何が起ころうとも、また起こらずとも幸せになると信じていることだ。

つねに最良のもの、最高のもの、最も幸せなものが来ることを期待し、決して自分を悲観的な暗い気分にしない。こういう楽天的で期待に満ちた姿勢をもちつづけることが、何よりも人生に役立つのだ。

自分のやることは、やると定められたことだと心の底から信じることだ。一瞬たりともそれを疑ってはいけない。「友の思考」、すなわち実現すると心に決めた理想の姿、それだけを心に置いて大切にする。「敵の思考」、すなわち失敗や不幸をほのめかすような、希望を失わせるような考えはすべて拒絶しなければならない。

つねに期待と希望に満ちた楽天的な態度を決め込んでいるかぎり、何をやりたいか、何になりたいかは問題ではない。その態度があらゆる能力を向上させる道に私たちを連れ出してくれる。そして人間として成長させる。

人を幸福にするのも不幸にするのも、その人間が何者かとか、何をもっているか、どこにいるか、何をしているかではない。それらのことをどう考えるかだ。

デール・カーネギー

成功者はポジティブに考える人

偉大な業績を上げた人々に共通する姿勢は、自分への信頼を決して失わず、その仕事はきっとやり遂げられるという信念を何があってもぐらつかせなかったことだ。文明を大きく進歩させた男女の多くは貧しい環境に育ち、こころざしを果たせる希望などまったく見えない暗くて長い年月を過ごしている。しかし彼らはいつか必ず道は開けると信じ、自らの仕事に打ち込んだ。この希望と信念に満ちた姿勢が、世界の偉大な発明者たちにとってどれほど助けになったことだろう。

彼らのほとんどが、ついに光を見るときまで、骨の折れる不毛な仕事に取り組みながら長い道のりをとぼとぼと歩きつづけなければならなかったのだから。彼らに信念と希望と不屈の努力がなかったら、おそらく光はささなかった。

自分にはきっと最高のことが起きると期待し、その仕事は必ずうまくいくと信じている態度ほど、人生に役立つものはない。

この仕事はきっと失敗するとか、自分は運がないといった考えをもつことによって、成功のチャンスを初めから減らしている人たちが大勢いる。べつの言葉で言えば、心の姿勢が成功に不向きなのだ。そういう姿勢は失敗を引き寄せることさえある。成功はまず心のなかで達成される。心に疑いがあれば、結果もそれ相応のものになる。だから勝つためには揺るぎない信念と自信がなければならない。ぐらぐらした疑いの心は、ぐらぐらした疑わしい結果しかもたらさない。

楽天的な期待に満ちた姿勢をもちつづけることほど成功に役立つものはない。つねに最良のもの、最高のもの、最も幸福なものを求めて待ち受けること、そして自分を悲観的な暗い気分に決してしないことである。

抜きん出る秘訣

あなたの仕事やビジネスがどういう性質のものであれ、理想的な繁栄や幸福や幸運をつねに頭に描いているという習慣をもつと、心がそういう理想像の方向へセットされる。そしてあなたの努力を驚くほど助け、どんな状況のもとでも必ず光のさすほうを向かせてくれる。この心の姿勢は、不思議なほど自信を支えてもくれる。

成功報酬をめざして奮闘せよ

人のやる気を大いにかき立てるのは、やはりかたちのある報酬のことが多いだろう。美しい家に住み、ぜいたくな車を運転し、高級レストランで食事し、しゃれたリゾートで休暇を過ごす――要するに金持ちになることに私たちは強烈な欲求をおぼえる。

モルガン財閥の創始者J・P・モルガンは、当時世界一の富豪だった。金で買えるぜいたくはすでに何もかも手に入れたモルガンに、もっと儲けたいという意欲がなぜ衰えないのかとたずねると、彼はこう答えた。「金が私の成功を測るスコアカードだからだ。金自体がほしいわけじゃない。ただ働きつづけて財産を増やすことで、私がまだまだ勝者だということを自分に証明しているわけだ」

社内でトップの一〇人に入るセールスパーソンのテディ・Lは、一日も休まず外回りに出かけたり、ひっきりなしに電話をかけたりする意欲がどこから来るのかとたずねられ、自分が貧しい家庭に生まれ育ったこと、子供時代は貧民街の、水しか出ないアパートで暮らしたことを語った。

「自分の家をもつことをずっと夢見ていました。このまちの金持ちが住んでいるような家に自分もいつかきっと住むんだって。

販売の仕事を始めたころは平凡なセールスパーソンでした。ノルマを達成するだけ働いて、まあまあの収入があって、快適なアパートで暮らせればそれでよかった。ところがある日、高級住宅街を走っていたら、昔の夢のことをふいに思い出したんです。そうだ、ぼくはこういう家に住むんだったって。その場で決心しました、こういう家が買える金を稼ぐんだと。

不動産屋へ飛び込んで、近隣で売りに出ている家の写真を何枚かもらいました。その一枚をベッドのわきのテーブルに画鋲《がびょう》で止め、もう一枚はバスルームの鏡に貼り、車のサンバイザーにもクリップで止めた。そして寝る前にながめ、ひげを剃りながらながめ、お客さんのところへ車を走らせながら毎日ながめました。この写真のような家を必ず買うんだと自分に言い聞かせながら。

その家で、家族といっしょに暮らしているところが目に浮かびました。広々としたダイニングルームで食事しているところや、居間でくつろいでいるところ。子供たちは庭の芝生で遊び、妻は最新のキッチンで料理している。その光景を頭に浮かべると、猛然とやる気がわいてきて、セールスの電話の一つひとつに気合が入ったし、毎日一本でも多く電話をかけようと思いました。セールスのやり方もいろいろ勉強して実践しました。

ほんの二、三カ月もすると成績が上がりました。一年後には収入が二倍になり、そのつぎの年には、本当に夢の家が買えたんです」

もちろん報酬はお金のように目に見えるものだけではない。夢をかなえた満足感が報酬だという人もいる。ナチュラリストでエッセイストのジョン・バローズは、おそらくその時代の最もすぐれた博物学者で成功者だが、金持ちではなかった。お金は彼にとって重要ではなかった。つつましい環境に暮らし、自然を研究し、自然について書くことに生涯をささげた。

バローズにとっては自然の驚異のなかに身を置くときの無上の喜びこそが報酬だった。「私は自分の人生を広げ、楽しむために生きている。またそれがいちばん世の人のためにもなることだと信じている。もし私が鳥の本を書くためだけに鳥を追いかけていたら、人が読みたいと思うようなものは一つも書けなかっただろう。私は共感と愛から、つまり自分の楽しみから書かなければならない。そうでないものは決して書いてはいけない。だから私は仕事をすることにも、その結果にも喜びをもらっているわけだ」

求める報酬が新しい車や、立派な家や、老後の資金などかたちのあるものであれ、あるいは達成の喜びといった無形のものであれ、そういうものをいつも頭に思い描いていることだ。そうすることでその目標に向かって奮闘する気力がわくし、きっとその報酬を手に入れられる。

悩みを探してはいけない

ものごとの暗い面ばかり見る人がいる。そういう努力がまったく得にならないことを考えると、じつに多くの人が、まるで仕事のように苦労や厄介ごとを探したり、わざわざこしらえたりしているのは驚くべきことだ。悩みや苦労は探せばいくらでも見つかる。なぜなら、どこからでもつくり出せるからだ――心をそういうふうに設定しておけば。

たとえば西部開拓時代、荒くれ者ぞろいの辺境の地で、いつもピストルや銃やナイフで武装している男たちはしょっちゅうもめごとに巻き込まれた。だがいっさいの武器をもたず、自らの良識と自制心と如才のなさとユーモアを頼みにしていた者は、ほとんど災難に遭わなかったといわれる。武装した者にとっては発砲騒ぎになる出来事が、武器をもたない分別ある人間には、ただのジョークでしかなかったのだ。

日々悩みを探している人々にもこれと同じことがいえる。暗く憂うつな、希望のない思考をつね日頃から頭に置くことによって、彼らは破壊的なものや落胆させるものをつかまえやすい状態に自分をおとしいれている。陽気な人間にとっては笑い飛ばしておしまいのほんのささいな出来事が、そのような悲観論者の心の中では恐ろしいもの、気のふさぐもの、不吉なものへとふくれ上がるのだ。

想像力は、使い方をまちがえれば最悪の敵になる。裏切られたとか、ないがしろにされたとか、悪口を言われたと思い込んで、永遠につらく不幸な人生をおくる人がいる。この世のあらゆる災難や、恨みや妬みや悪意の標的になったように感じている人もいる。こういう考えのほとんどは、まったく事実無根の妄想や錯覚だ。これは心がおちいる最も気の毒な状態だ。幸福を壊し、能力を麻痺させ、安らぎを奪い、人生そのものを台無しにしてしまうのだから。

こういう思考の人は、悲観論の充満した空気に身を包むことによって自分を永遠にみじめにしている。まるでいつも黒い色眼鏡をかけているようなものだ。周囲のあらゆるものが喪服をまとっているかに見えるだろう。黒く見えないものは一つもない。この世に陽気なものや明るいものは何一つないかのようだ。

彼らはあまりに長いあいだ貧乏や失敗や、不運や不幸について語ってきたせいで、悲観論が全身に染み込んでいる。ずっと無視されて使われなかった陽気な心はいつのまにか萎縮し、その一方で悲観的姿勢は過大に発達して、精神が正常で健全なバランスを失っている。

彼らはどこへ行くにも陰気で不愉快な空気を引きずっていく。誰も彼らと話をしたがらない。不幸や不運の話ばかりするからだ。彼らにとって時代は永遠に悪く、金回りも悪く、世の中も「悪くなる一方」だ。そんな陰気なすね者やひねくれ者に、人は寄り付かない。

最も有害で不愉快な厄介ごとの探し方は、絶えず人を批判したりあら探しをすることだ。他人に対してどうしても寛大になれない人がいる。めったに人をほめず、長所を認めず、行動をいちいち批判する。


信念をもってやっていることなら、何があってもやめてはいけない。

世の中の偉業といわれるものの多くは、

不可能という他人の見方をくつがえしてなし遂げられている。

デール・カーネギー

批判しない、非難しない、小言も言わない

人生の入り口に立つときにきっぱりと決心すべきことは、決して人を批判したり非難したりしないこと、他人のまちがいや欠点を探さないことだ。人のあら探しをしたり、嫌味や皮肉を言ったり、何かと言いがかりをつけて他人をとがめるような癖は、きわめて危険だ。それは花のつぼみや果実の芯を密かに食い荒らす毛虫のように、その人自身の人生を食い荒らし、ゆがんだ苦々しいものにする。

こういう破壊的な癖が一度ついてしまうと、幸福で穏やかな人生は望めなくなる。非難するものがないか絶えず探しているような人は、人間性が損なわれ、人としての健全さを失ってしまう。

私たちは誰でも、明るくて陽気で希望に満ちた人間が好きなのだ。不平屋やあら探し屋や、悪口や陰口を言う人間を好きな人はいない。アメリカの偉大な思想家ラルフ・ウォルドー・エマソンは、「世間が好むのは、自らの変わらぬ理想とよき未来を見つめ、人間の善なることを信じる者である」と書いた。

くだらないうわさ話をしたり、辛辣《しんらつ》な言葉を吐いたり、かんしゃく玉を破裂させたりして、いっときの満足感を得ても、そのあと自分の醜い性質にきっと嫌気がさすだろう。そして楽しげに生きる人々がいる一方で、なぜ自分はそうできないのかと不思議に思うだろう。

世の中の醜いもののかわりに美しいものをながめていても労力は同じだ。卑しいもののかわりに気高いものを、暗く陰気なもののかわりに明るく陽気なものを、失望させるもののかわりに希望に満ちたものを見ていても少しも変わらない。いつも日向に向いているのも、日陰に向いているのも手間は同じ。それなのに、私たちの気持ちには満足か不満か、幸福かみじめかの大きな違いが生じるし、人生には裕福か貧乏か、成功か失敗かの違いができる。

光を探すことをおぼえてほしい。影や汚れや不和を心に宿すことは断固として拒み、喜びをもらえるもの、頼もしいもの、元気の出るものにしがみつく。そうすればものの見方がすっかり変わり、ほんのしばらくのあいだに人柄が変わる。

オプティミズムが成功を呼ぶ

盲目で耳も聞こえなかったヘレン・ケラーは、運命を嘆いて悲観的になっても何の不思議もない人だったが、こう言った。「オプティミズムは人を成功へみちびく信念です。希望がなくては何一つなし遂げられません」

人生に成功する人は、つねに明るく希望にあふれ、微笑みを浮かべて自らの務めに精を出し、成熟した大人として人生の変化やめぐり合わせを受け入れ、不遇なときも順調なときも同じように受け止めて生きている。

オプティミストには、ペシミストにはまねのできない創造的な力がある。明るく希望に満ちた楽天的な性格ほど、苦労の角をまるめ、でこぼこ道を滑らかにして、人生をらくにしてくれるものはないだろう。知能が同じ高さなら、楽天的な考え方の人間は、くよくよしてばかりいる陰気なペシミストよりはるかに能力を発揮する。オプティミズムは尽きることのない頭脳の潤滑油なのだ。悩みや心配や不和という摩擦をなくす、喜びというオイルだ。オプティミストの機械は、暗い気分やかんしゃくに繊細な軸受けをすり減らされて全体の調子が狂ってしまうようなペシミストのそれより、ずっと快調で長持ちなのだ。

闇を締め出し、光で満たす

何事にも否定的な人は何事も達成できない。ネガティブな人の人生には衰えと破滅と死しか待っていない。ネガティブな態度は、成功を求める人にとっては大敵だ。あらゆるものをけなし、景気の悪さや商いの不振をのろい、口を開けば身体の具合が悪いとかお金がないとかいう話ししかしないような人は、破壊的な悪い作用をすべて自分に引き寄せてしまうからだ。そしてあらゆる努力を帳消しにしてしまう。

創造の原理は、ネガティブで破壊的な空気のなかでは働かない。したがって注目に値するような業績は一つも残らない。だからネガティブな人はつねに下り坂で、やることなすこと失敗に終わる。きっぱりと主張する力がないために、ただ流されるだけで前進できない。

ネガティブな人は野心が麻痺する。自らの人生に毒を注ぎ、活力を奪われる。自信を失い、状況を支配する力をなくして状況の犠牲者になる。事をなす力とは、大半が自分への信頼感や自信の問題だ。何をするのであれ、その仕事は自分にできると思わないかぎり決してできないだろう。何かを習得するときは、習得したとまず感じ、頭のなかでやってみるまで習得できないし、何かをこしらえるときも、頭のなかでできるという目処が立たないかぎり、かたちにはならない。物理的に達成されるには、その前に頭のなかで達成されることが必要なのだ。

多くの人が行く先々で、不安や疑いや失敗の思考をまき散らしているのは困ったものだ。それまでそんな思考に汚染されず、したがって幸福で自信があって順調にやってきた人の心にも、そういうタネが落ちて根を張るかもしれない。

もしあなたが他人に対して悪意や不和をおぼえたら、こう叫んでほしい。「危ない危ない、まわれ右！」。そして明るい日差しをふり仰いで決心する。たとえ世の中のためになることができなくても、毒や憎しみのタネだけは決して蒔くまいと。

誰に対しても優しく温かい、寛大な心で接し、成功への思考、健康への思考、喜びの思考など元気が出て役立つ思考を放射して、行く先々に光をふりまいている人もいる。彼らは世界を救う人、重荷を軽くしてくれる人だ。苦労の角を丸め、傷ついた人を癒し、失望した者になぐさめを与える人だ。物惜しみせず気前よく喜びを放射できるようになれば、私たちもそういう人間になれる。家でも道端でも、店や車のなかでも、あらゆるところでためらうことなくうれしさを放てるようになればいい。

闇を締め出す最良の方法は、人生を光で満たしておくことだ。ぎすぎすした思考を締め出すには、和やかなもので頭をいっぱいにする。まちがいを締め出すには真実で、醜いものを締め出すには美しいものや優しいもので。不快で不健全なものを頭から追い払うには、心地よく健全なもののことを考えていればいい。頭は正反対の思考を同居させられない仕組みなのだから。

不快で致命的な思考をすべて頭から消し去る習慣は、なるべく早くつけたほうがいい。毎朝まっさらな紙のような心で一日のスタートを切ってほしい。心の画廊から目障りな絵はすべて運び出して、美しい、元気の出る絵と取りかえるのだ。

シカゴに住む敏腕のマーケティング担当重役フランク・Aは、テレビ番組のインタビューで、日々仕事の重圧を受けるなかで「平常心を保つ」秘訣は何かとたずねられ、こう答えている。「毎朝、世界と完全に仲良くなれた感じがするまでオフィスに入っていかない。何かしっくりしないものがあったら、つまり心にちょっとでも恨みや妬みがあったり、自分を利己的だとかフェアでないと感じていたり、パートナーや従業員に対して正しい姿勢がないような気がしたら、もう仕事場へは行かずに、心の楽器の調子が完全に合って、どんな不協和音も響かなくなるのを待つことにしている」。誰に対しても正しい姿勢をもって仕事に取りかかった日は、そうでない日とは比べものにならないほど大きな成果が上がることを彼は発見した。「以前、ネガティブな考えで頭をいっぱいにして仕事をしていたころは、こんなに業績が上がるなんて考えられなかった。ぼくの機嫌が悪いせいで周囲の人間はみんなピリピリしていたし、もちろんぼく自身もどんどんボロボロになっていった」

心の不和を和に変える

月並みな仕事しかしていない人の多くが、実際には大きな能力をもっている。だが彼らは心のなかの不和や摩擦に敏感なために、効率的に仕事ができないのだ。もしも誰かが彼らに助言したりプランを立てたりして不協和音が起きないようにし、心の和を保つ手助けをしてやれば、目覚ましい力が発揮されるだろう。だが私たちにはほとんどの場合そういう「守護天使」がいないので、自分でその状態を獲得しなければならない。誰も私たちにそういう訓練をすることもできない。しかし人の気を散らせる数限りのないものにいちいち屈服しているのをやめられないかぎり、この世界で大きい仕事をなし遂げることはできないのだ。残念ながら日々生きていれば、腹が立ったりいらいらしたりすることがある。だがそれは私たちの本当の性質ではないと思えばいい。

いらだったり心の和が失われたりするのは、疲れていたりストレスがたまっているからだ。どんなときにそんなふうになるかに気をつけて、乗り越える努力をしてほしい。

長いあいだ激務が続いて完全に限界が来ていた人が、休暇から戻ってきたときに顔つきがすっかり変わっているのを目にしたことがあるだろう。出かける前とはまるで別人。ほんのささいなことで、ものすごいかんしゃくを起こしていたのがうそのようだ。

油が切れると機械がきしむのと同じで、心身のどこかで摩擦や不協和音が起きるのは、自分の何かがおかしくなっているという警告だ。朝食のテーブルでのささいなもめごとや、出がけのちょっとした口論が、まる一日の家庭の平和を台無しにするかもしれない。一瞬のかんしゃくが長年の友情をふいにすることもある。

忙しい毎日をおくる私たちは、疲れていたり調子が悪かったりしても、無理して仕事をする。やる気が出なくても、元気が出なくても、あらゆる種類の刺激物と意志の力で自分を追い立てる。そして心身という繊細な機械をすり減らし、しばしば早くから健康を害し、過労におちいり、力を発揮できなくなる。

たとえ何が起きても精神の落ち着きを失わないよう自分を訓練してほしい。どんなときでも心の平和を保つことができないと、分別のある判断も、賢明な行動も、その場にふさわしいふるまいもできないのだから。

人を幸福にするのは、
その人がどういう人間かとか何をもっているかではない。
幸福はその人が何を考えるか、
ただそれだけにかかっていることをおぼえておこう。

デール・カーネギー

断言する

自分がポジティブだと思っているかどうかにかかわりなく「私はポジティブだ」「私はポジティブになる」、あるいはもっと実態に合うように「私はこれからポジティブに行動するよう全力を尽くす」と自分にきっぱり断言するといい。自分に言い聞かせるように力強く断言すると、本当にそのとおりになっていく。

あなたができると信じることなら、何であれできる。アメリカの思想家エマソンは「信念という星に荷車を引かせれば、かたつむりのぬるぬる滑る這い跡をたどるより」はるかにたやすく目的地に着けると言った。作家のジェームズ・アレンはこれを最高傑作のテーマにしている。「人は自分が考えるとおりのものになる」という言葉で。

信念は成功の土台だ。信念が能力を伸ばし、気力を倍増し、知力を支え、馬力を強くする。思考はその信念の威力や自信のエネルギー、決意の重みを運んでいく運搬車だ。

私には成功する力がある、成功する決意があると絶えず断言し、自分に言い聞かせていれば、達成へのパワーが強化される。苦労をやりすごし、障害物と闘い、不運を笑い飛ばすのが容易になる。才能とエネルギーが増強され、存分に発揮される。勇気が増し、その勇気が自信の支えになる。たとえ窮地におちいっても、「私は○○しなければならない」「私は○○できる」「私は○○する」ときっぱり断言すれば、勇気と自信が強まる一方で、その反対の性質が薄れて消えていく。ポジティブな性質を強めるものは、ネガティブな性質を弱めるのだ。

世の中の偉業と呼ばれるものをなし遂げた人々を分析すると、いちばんの特徴は明らかに自信だ。その仕事をやり遂げる力を絶対的に信頼している人は、たいてい成功している。たとえその自信が無謀とは言わずとも、はた目には身の程知らずに見えたとしても。また、そういう人たちが成果を上げられるのは、信念そのものの効果というだけではなく、彼らの自信が他人におよぼす効果によるところも大きい。自分に卓越したものがあることを感じ、自信をもって話し、ふるまえば、相手に疑いを抱かせない。彼らの放つ勝利のオーラが、この人はきっとやり遂げられるという信念を相手の心に生み出すのだ。

ポジティブな思考の習慣は、二つの理由で人の能力を大きく向上させる。一つには、それまで封じられていた能力が呼び出されるから。未知の資源が開発されるからだ。もう一つには、恐れや悩みや心配という能率の敵、成功の敵が追い払われて、心の和が保たれるためだ。ポジティブな思考はそうやって心を成功に適した状態にする。人生を新しい目でながめさせ、知力と見識を磨き、鋭くする。視線の方向を変え、疑いや不確かなものではなく、目標や確かなものを見つめさせる。そうなれば努力の結果がそっくり利用できる。疑いや不安や悩みのために、あるいは信念と自信の欠如のために帳消しになることがないからだ。

まとめ

◆将来を何より明るくする習慣は、希望に満ちた姿勢をもつことだ。

◆偉業をなし遂げた人々に共通するのは、自分への信頼を決して失わないことだ。その仕事はきっとやり遂げられるという、何があってもぐらつかない信念があることだ。

◆かたちのあるものであれ、無形のものであれ、目標の達成によって得られる報酬をいつも頭に描いていれば、きっとその報酬を手に入れられる。

◆悩みや苦労を探してはいけない。探せばいくらでも見つかるからだ。また、人を批判したり、愚痴を言うのもいけない。私たちは誰でも、明るくて希望に満ちた人間が好きなのだ。

◆人生を美しいものや優しいもので満たしていれば、不快で不健全なものを追い払うことができる。

◆「私はポジティブだ」と断言する。ポジティブな思考は心を成功に適した状態にする。

第7章 勇気を奮い起こす

成功するのに不可欠なものは、必ず成功するという決意と意志力だ。手近な楽しみには目もくれず、妨害と闘い、課題を乗り越えて、時間とエネルギーをつぎ込んでゴールをめざさなければならない。

成功者はアイディアを実行に移す勇気がある。心から信じる事業には、誰が何と言おうとお金、努力、そして希望を惜しみなく注いでいる。

彼らは驚くばかりに大胆だが、決して出たとこ勝負のギャンブラーではない。途方もない綿密さで準備を整え、それから思い切って行動する。

ふつうの人より多くを得たければ、リスクを負わざるをえない。つねに安全策で行くわけにはいかない。そもそも安全などというものはほぼ迷信で、現実にはないもの、世間一般の人間には手に入らないものだ。あらゆる危険を避けようとどんなに骨を折っても、長い目でみれば結局は何もしないのと同じかもしれない。人生は思い切って冒険するか、何も手に入らないかのどちらかだ。連邦最高裁判所の名判事とうたわれたオリヴァー・ウェンデル・ホームズは「安全は幻想。安息なきは人の宿命」と書いている。

ビジネス、スポーツ、政治など分野の違いを問わず、大きな成功をおさめた人々は世間の予測をものともせずに、彼らならではの判断をして、危険な水に勇気をもって飛び込んでいる。自らの成功をみじんも疑わず、すべてを失う危険をおかしている。

だいたいにこの世で最も危険な状態の人というのは、なりゆきまかせの人、自分で自分を助けようとしない人、自分で這い上がる努力をしない人だ。この世界のいかなる力もあらゆるものを救ってはくれない。神でさえ自らを助けないものは助けないのだ。成功しようという決意は自分で上っていくための梯子だ。だが上るときには、弱い踏み段がないかも確かめるべきだ。

決意は実行されなければならない。行動にならなくては何にもならない。いくら信念があっても、それが人に伝わらないかぎり、誰にも信頼してはもらえないだろう。信念がその人の全存在を支配していないかぎり、人生で達成されることは多くない。

新しい経験には、一か八かの勝負ではなく、学びの機会ととらえて取り組むことだ。そうすることで新しい可能性が開かれるし、自分を受け入れやすくなる。そうでないとあらゆる可能性が失敗のチャンスになり、成長の機会を逃すことになる。

冒険しなさい。人生は賭けなのだから。
遠くまで行けた者は、たいてい自ら行きたいと思い、
思い切って行ってみた者だ。
安全第一にしていたら、船は岸から離れられない。
デール・カーネギー

のめり込む勇気

アレックスがシカゴの少年だったころ、彼も友達もナショナルリーグのシカゴ・カブスの熱烈なファンだった。勝ったときは有頂天、負ければ落胆した。アレックスは友達よりも負けがこたえるたちだった。カブスが負けると、どうしようもなく落ち込んだ。とりわけ成績不振だったあるシーズンが終わったとき、アレックスは考えた。「あんなに応援したのに何にもならないなんて。こんなにがっかりするのは二度とごめんだ。もうどこのファンにもなるもんか」。そのときからカブスはもちろん他のどんなスポーツの、どんなチームにも決して肩入れしようとしなかった。

アレックスは人生のあらゆる面にこの方針をもち込んだ。「のめり込まなければ傷つくこともな

い」というのが彼の哲学になった。学校でも職場でもつねに「ほどほど」を通した。おかげで傷ついたことはなかったが、心から楽しいとかうれしいと思ったことも一度もなかった。裏切られるリスクを負わないことで「敗北の苦しみ」は避けられたが、震えるほどの勝利の喜びも決して経験できなかった。

信じる勇気

人工心臓の開発に取り組んだロバート・ジャーヴィック博士は、長年成功の兆しが現われず、同僚からも他の専門家からも、そんなものは絶対にできないと言われつづけた。しかしすべてが骨折り損に終わるのを覚悟で、黙々と研究を続け、ついに開発に成功する。

発明者や革新者は、あざけりを浴びるのがつねだ。ロバート・フルトンが発明した蒸気船が「フルトンの愚行」とあだ名されたことや、世界初の自動車の登場が「馬をつれてこい」と揶揄された話は誰でも読んだことがあるだろう。エジソンも電球の発明に成功するまでに数え切れないほど失敗している。発明者は自分を信じて世間の冷笑に甘んじなければならない。そして度重なる失敗と、それによる疑いと失望に耐える勇気がないかぎり、その偉大な仕事は完成しない。

拒絶を恐れない

リズは迷った。グループ全員が、目下検討中のアイディアで問題が解決すると信じているように見えたからだ。もしここで反対意見を口にしたら、みんなからばかにされるか、悪くすれば反抗的だと思われかねない。安全策は黙っていることだ。しかしリズには、みんながその問題のある重要な側面を見落としているという確信があった。拒絶されるのを覚悟で自分の考えを述べた。その結果グループは新しい角度で問題を見直すことになり、結局のところ、はるかに効果的な解決策を見つけることができた。すべてがリズの勇気ある発言のおかげだった。

最悪の事態を想定する

デール・カーネギーが著書の『道は開ける』のなかで、困難にみまわれた人のためにつぎのような助言をしているので、ここで改めて紹介したい。「まずは、起こりうる最悪の事態は何かを自問しなさい。そして、その最悪の事態を受け入れる覚悟をする。それから、その最悪の事態が少しでもましになるような努力をする」。この原則は、意思決定を迫られたとき、とくに何か革新的なやり方とか極端な方法、あるいはたんにいままでとは違うやり方を試そうといったときにも使える。

仕事でも人生でも、進歩したければさまざまなリスクを覚悟しなければならない。事態を入念に分析すれば、失敗の可能性は小さくなる。だがゼロにはならない。痛みがなければ成功もないのだ。いつも安全策ばかり取っていたら、傷は避けられるかもしれないが、障害を乗り越えて目的を達成したときの、とびきりのうれしさや満足感も決して味わえない。

たいていの人は、自分でも思いがけないほど勇気があるものだ。

デール・カーネギー

ここ一番の勇気

成功したければ臆病ではいけない。自分を信頼していなければならないし、信念を実行に移す勇気がなければならない。新しいことに乗り出すときは、確実なものばかりを求めるわけにはいかない。失敗の原因の大半は、自己不信だ。自分は強いと信じていれば強くなるし、自分と自分の力を信頼できなければ、どれだけ強かろうが、誰よりも弱くなる。

世間に失敗する商人は多いが、それはたいてい商才がないからではなく、度胸がないからだ。

素晴らしく頭がいいのに優柔不断が玉にキズという人を誰でも知っているだろう。彼らはその明晰な頭脳が語ることを無視して、小心者の本能がささやくことについ従ってしまう。だから世間には判で押したような毎日をおくり、不満足な地位と不十分な収入に甘んじている人があふれかえっている。それはたんに彼らが、自分の選んだ道で勝利するのは値打ちのあることと考えたことがないからだ。

どうして成功できないのか他人にもよくわからず、自分でもわからない人がいる。彼らは勤勉で賢明で、倹約家だ。なのに長年の奮闘にもかかわらず、貧しいまま年を取り、運が向かなかったとか、めぐり合わせが悪かったと嘆いている。彼らが成功できなかった本当の理由は、エネルギーの使い方を誤解していることだ。彼らはまったく違う二つのことをごっちゃにして、いつも忙しくしていたら金持ちになるはずだと思い込んでいる。そして見当違いの奮闘が、エネルギーのむだだということを忘れている。

自らの役割を信じる

目標を達成できない人が多いのは、一つには彼ら自身が人生の夢や理想を、現実には何の根拠もないただの空想のように思っているからだ。彼らは自らの人生の使命ということを真剣に考えたことがない。その結果、真の身の丈まで成長できずにいる。

彼らはその夢を実現するには、自分が果たさなければならない個人的な役割が確固としてあるということに気づいていない。自分がそのために、いまここにいるのだということに気づかない。私たちは宇宙とは何のつながりもない、切り離されたものとしてここに投げだされているのではない。自分を信じている人々は、自分のもつ力で夢が現実に変わりうることを感じている。

エイブラハム・リンカーンはじつに謙虚で控えめな人だった。南北戦争の予兆が北部を揺るがし、大統領選挙が近づいてきたとき、彼は国民のリーダーとなることに名乗りを上げる。その重大な仕事にふさわしい人間を探し回っている政治家たちに、なぜ自分を指名しないのか、ぜひとも指名してほしいと求めた。その迫り来る危機を乗り越えて国家を率いていく力が自分にはあると思う、きっと選挙に勝つと信じていると彼は語った。

彼ほど謙虚な人間の言葉でなかったら、ただの大風呂敷に聞こえたかもしれない。しかしリンカーンの動機の純粋さと、その重大な職務への見事な適性と、それにもとづく信念が彼を成功へとみちびいたのだ。

歴史をつくった人々は、その生涯をかけた仕事に強い信念があった。自らの理想と果たすべき役割を信じていた。自分の野心は決してたんなる空想の産物ではなく、人々がそれを待っているという前ぶれなのだと信じていた。

言いかえるなら、この世界で勝利を手にした人々は、自らの運命を深く信じていたのである。彼らのその信念と、自らの力に対する信念とに私たちは心打たれる。自らの運命を信じる人々に大きな何かを感じ、敬意を抱かずにはいられない。人間のドラマに重要な役割を果たすべく生まれついたと信じる人々に対して、世界はその舞台を必ず用意するのだ。

勇気ある人物

近年の勇気のある人物として、誰の頭にも思い浮かぶのがレフ・ワレサだ。シェークスピアは大人物には三通りあると言った。生まれついての大人物、努力して大人物になった人、そして、かつぎあげられて大人物になった人。レフ・ワレサはこの最後のタイプだ。当時ポーランドには、専制的な政府に対抗できる民衆のリーダーがいなかった。ワレサはどこからともなく現われて人々を率い、共産主義の圧制と闘った。

グダニスクのレーニン造船所の電気工だったワレサは、ポーランドの共産主義政府に最初に不満を表明した一人だった。当時のポーランドはソ連の言いなりで、傀儡国家も同然のありさま。ワレサは敬虔なローマカトリック教徒として、教会までが共産主義の弾圧に遭うのが耐えられなかった。

ワレサはもちろん一人ではなかった。造船所の労働者のほとんどは共産主義の宣伝する「労働者の楽園」に幻滅しており、職場の不穏な空気は日ごとに濃くなっていた。労働組合のメンバーが最初は秘密裏に結成したグループは、「連帯」と名づけられた。「連帯」という言葉は、もともと労働運動のスローガンとして使われており、それまでは資本主義に対抗する労働者の団結を意味した。その言葉がいまや新しい意味を帯びた。共産主義と闘う労働者の強力な戦線となったのだ。ワレサはこのグループのリーダーとして目立つ存在となった。

そんな恐ろしい立場に立つことを彼はなぜ引き受けたのか。それが警察による逮捕、投獄とおそらくは拷問、あるいは死にさえつながることを彼は承知していた。家族が危険にさらされることも予測がついた。

後年、このとき怖くはなかったかと質問されて、とても怖かったと彼は告白した。だが、誰かが先頭に立たなければならないとわかっていたからだ、と。彼は最も敬愛する人物、ローマ法王ヨハネ・パウロ二世の力強い言葉が忘れられなかった。恐れを克服することを知りなさい――この言葉がいつも心にあった。

◆◆◆拘禁と解放

こうした使命を帯びてワレサは歴史の表舞台に登場する。グダニスクの造船所での勇敢な姿勢は、世界中の視線を釘付けにした。しかし同時にあいつぐ迫害というかたちでその勇気が試されることになる。一九八一年には戒厳令下で逮捕され、辺地の狩猟小屋に一一カ月間拘禁された。

拘禁からついに解放されたときには、自宅のあるアパートの前に一五〇〇〇人が集まって彼を出迎えた。この感動的な帰宅の光景は、彼が依然として目の離せないカリスマ的リーダーであり、共産主義政府が好もうが好むまいが、ポーランドの強大な政治勢力であることを告げていた。

ワレサは群衆に約束した。「これからも私は勇敢であると同時に理性的に行動する。これについては妥協の余地はない。私は下手に出るつもりはないし気が弱くなっているわけでもない。ただ慎重に冷静に対話を続け、行動したいと思っている」

それから何年ものあいだ彼も妻のダヌータも警察につきまとわれ、ときには数日にもわたる尋問を受けたが、彼はもう警察を恐れなかった。「連帯」の他のリーダーたちと接触したという理由で逮捕され、ふたたび拘留の危機にもさらされた。

しかしついにポーランド政府は、強硬な態度を取ることに気乗りがしなくなる。ワレサは釈放後、「連帯」のリーダーたちと二度と接触しないように命じられたと記者に語ったが、大胆にもこう言った。「いいや会うつもりだ。会ってまた話をしなければ」

ノーベル賞

一九八三年、ワレサはノーベル平和賞を受賞する。強大な共産主義政府に果敢に抵抗した勇気をたたえるそのニュースは、世界中から歓呼して迎えられた。ロナルド・レーガンは「粗暴な力に対するモラルの勝利」と喝采をおくり、ヨハネ・パウロ二世はワレサへ祝いの電報を送って、その賞の「特別の雄弁さ」を喜んだ。ポーランド出身のローマ法王ヨハネ・パウロ二世は、一九七九年の初の帰郷が「連帯」の発足を助け、その後も精神的な支えとなった人物だ。

ノルウェーのノーベル平和賞選考委員会の五人の委員は公式発表のなかで、ワレサが「労働者の、自らの組織を設立する権利のために」闘ったことをたたえ、「人間の権利を求める闘いは平和への闘いである」と述べた。

こうしてレフ・ワレサの勇気は、ポーランド共産主義政府を終焉に向かわせる決定的な力となった。その政府を保護してきたソ連も、もはや支援の手を差し伸べようとはしなかった。一九九〇年、グダニスク出身の勇敢な電気技師は、ポーランドの大統領に選出された。

◆◆ワレサの業績に何を学ぶか

◆出身や身分がどうであれ、目標へつき進む勇気と決意があれば、行く手をはばむものは何もない。

◆ワレサのように私たちも「かつぎあげられて」大人物になるかもしれない。私たちの課題は弾圧との闘いではなく、成功を勝ち取ることだ。新しい事業を起こすことになるかもしれないし、未知の領域に販路を開拓することになるかもしれない。先の見えない不安に取りつかれるかもしれないが、自分への信頼を失わなければ、きっと障害を乗り越え、成功を手にすることができる。

成功への大道を行く

ミルウォーキーのある企業が事業規模の縮小に踏み切って、バリーとレオンはレイオフ（一時解雇）になった。レオンは大変な災難にみまわれた気がして、ひどく落ち込んだ。暗い表情を浮かべ、薄汚れた服を着て、肩を落として歩く様子は、まるで親友を失ったか全財産を失ったかのようだった。何年間も身を粉にして働いてきた会社から捨てられるなんて、自分はなんという不幸な星の下に生まれついたのかと嘆いた。「もうやり直しなんかきかないよ。ずっとやってきた仕事で生き残れなかったんだから、他の何をやってもうまくいくわけがない。ぼくは負け犬だ」。そんな考えで頭がいっぱいになり、自分は何をやっても失敗する運命にあるとまで思い込むようになった。その若者が絶望という深い病に取りつかれていることは容易に見て取れた。

一方のバリーは、レイオフにまったく違う見方をした。毎朝目を覚ますたびに、これは自分にとって新しいチャンスだと思った。それまでどおり、出勤するときと同様にきちんと身なりを整えた。顔に敗北の影など微塵もなく、態度は勝者のそれだった。眼差しには不敵なほどの決意がうかがえた。よほどいい地位を手に入れたにちがいないと友人たちが思うほど陽気で楽しげに見えた。だが彼は、まだ職を探していることを彼らに告げ、それでも素晴らしい仕事がすぐに見つかることを少しも疑っていないし、それはいままでよりもきっといい仕事にちがいないと、強がりではない静かな自信をたたえて語った。「ぼくを解雇した会社はきっと悔しがるよ、人を見る目がなかったって。でもぼくは、いつまでも人に雇われている気はまったくない。必ず人を雇う身分になるつもりだ。そうやってぼくが出世していくのを、かつてぼくを雇っていた人たちに見てもらいたいと思っている」

バリーはその言葉のとおり、やがて事業を起こし、かつての雇い主よりも大きな成功を遂げる。将来はまちがいなくもっと大きい会社を率いているだろうし、以前の雇い主が想像もしなかったほどすぐれた経営手腕と、率先力と、独創性と、才覚の持ち主であることが証明されるにちがいない。

いまや二人の若者のあいだに勝者と敗者という大きな差が生じている。勝者は打ちのめされてもより強い決意をもって立ち上がり、挫折を通してより勇敢な行動へとかり立てられた。そういう人間にとって、一時の後退は大した痛手にはならない。人生のほんの一コマにすぎないのだ。

怖くてやりたくなかったことに思い切って手をつけて、最後までやりとおす。これがいままでに知られているなかで、いちばん手っ取り早くて確実な恐怖心の克服法だ。

デール・カーネギー

成功物語から学ぶこと

ヴァージン・レコードを設立し、音楽業界に革命を起こした起業家のリチャード・ブランソンは、つぎのチャンスを探していた。一九八四年にはその会社を売却して、まったく新しい事業への参入を決意する。ヴァージン・アトランティック航空の創業だ。なぜ航空業を？　音楽の仕事でつねに世界中を飛び回り、エアラインのサービスの悪さにつねづねうんざりしていた彼にとって、真に顧客本位の会社をつくるという思いつきはとても魅力的に思えたのだ。多くの起業家がそうだったように、彼も顧客としての実体験から新しい会社を立ち上げた。その業界について何一つ知らないという事実は、彼の大胆さの証以外の何ものでもなかったが、起業するということについては、そのときまでに多くを学んでいた。

大衆の心をつかむには、小さい会社の利点を活かし、業界のお役所仕事的な慣例にとらわれない独自の工夫をすることだ。ニューヨーク市に近いニューアーク空港と、ロンドンに近いガトウィック空港とを結ぶ格安の便を提供した。安さを売り物にしてヴァージン・レコードを設立したときと同様に、こんども運賃を安くすることで、倹約したい若い顧客の心に訴えたのだ。

戦略は単純だった——自分が使いたくなるようなエアラインをつくる。製品やサービスについてアイディアがある人はいくらでもいる。しかし真の起業家にしかないのがアイディアを実行する大胆さだ。金持ちのブリティッシュ・エアウェイズにとても太刀打ちできないというのが周囲の大方の考えだったが、ブランソンはひるまなかった。

収益が上がりはじめるまでの数年間、ヴァージン・アトランティックは大赤字を出しつづけた。一文無しになる前に退散するべきだという銀行や友人の忠告は聞き流し、ブランソンは前進しつづけた。新聞記者から、どうやったら百万長者になれるのかと質問されたときには、こう答えた。

「億万長者になってエアラインに投資したら、たちまち百万長者さ」

今日、ヴァージン・アトランティックは世界中の都市へ飛び、高い収益を上げている。ボーイング747型機やエアバスA340型機を多数保有する英国第二の長距離国際航空会社として、ニューヨーク、マイアミ、ボストン、ロサンゼルス、オーランド、サンフランシスコ、香港、そして東京へも就航している。

ブランソンの勇気は、私生活にもいかんなく発揮されている。世界記録に挑戦するボートレースや熱気球レースへの参加も、そのほんの一例にすぎない。

◆◆◆ブランソンの成功物語に学ぶこと

◆成功者となるのに必ずしも新しい製品やサービスを発明する必要はない。ブランソンはすでに成熟しているビジネスに参入したが、それは市場を研究して、既存のものよりいいサービスをより効率的に、あるいはより安く提供できると判断したからだ。

◆成功にはリスクがともなう。ブランソンは新規事業に乗り出すときにはつねにリスクを負った。その最たるものが定評ある老舗、ブリティッシュ・エアウェイズとの競争だ。だが大会社が無視していたところに活路を見出し、安くてよりよいサービスを提供することで、その市場のすきま《ニッチ》を埋めた。

◆ブランソンは果敢に信念を貫いた。事業の成功を固く信じ、何年赤字が続いてもあきらめず、ついに成功を勝ち取った。

◆事業を起こそうと思っているなら、あるいは現に新しい事業に乗り出しているなら、ブランソンの経験を頭に置いてほしい。提供する製品やサービスに信念があれば、たとえ競争の激しい市場でも、勇気をもって参入すればいい。ブランソンはギャンブルに出たのではない。状況を慎重に評価し、それにもとづいてリスクを負った。勝ち目があると思ったから、喜んでリスクを負ったのだ。

使え、さもなければ失う

昇進も出世もできない従業員がひじょうに多いのは、一つには彼らが上に行くのを自分でやめてしまうからだ。野心をちゃんと育てないからだ。野心が燃えつづけるように、その炎がもっと明るく輝くように燃料を補給したことがない。若いうちから野心が衰えるのは、その人自身が早々と衰えているしるしだ。野心が衰えれば、決意も勇気も衰える。

反対に野心の炎を赤々と燃やし、理想を大切にしている若者は、必ず頭角を現わす。しかしわずかなあいだに勢いがなくなったり先細りになったりするようでは何にもならない。自信満々の、いつか必ず会社の先頭に立つはずだった若者の多くが、その野心を育てるようなことを何もしなかったために、結局は何者にもなれず、自分にも世間にも見捨てられている。

どれほど際立った才能があっても、絶えず使われなければ衰えていく。「使わないものは失う」というのが自然の掟なのだ。何者もそれを免れることはできない。野心も、才能も、地面に蒔いたタネも、絶えず肥やしを与え、手をかけて育てないかぎり、知らぬまに消えていくだろう。

理想に目を据える

心を達成の方向へ設定すると、身の回りのあらゆるものが成功の兆候をしめしはじめる。必ず成功するという決心を態度でも、服装でも、しぐさでも、会話でも表現してほしい。私たちのあらゆるふるまいが達成と成功を語らなければならない。

毎朝、一日を始めるときに、心を成功と達成に向かってセットするのはひじょうに有利なやり方だ。達成すると決心したことを頭に浮かべ、それに精神を集中するという方法でもいいし、よく助言されるように「私はきっと○○になる」といった決まった文句をくり返し自分に言い聞かせてもいい。そうすることで繁栄や調和への思考が心に浸透する。そしてその日の仕事のなかに不協和音がずっと混じりにくくなる。

もし何か特定のことをやり遂げる自分の能力を疑っているなら、自分にはねばり強く断固として前進する勇気があるという考えが、決して頭を離れないように自分を訓練することだ。私たちを強くして、やるべきことを着々と、易々とやり遂げさせてくれるのは、自分にその力があると信じること、そしてぐらつかない勇気だ。

そういう自分の理想の姿をつねに頭に置くようにすると、人生がまるで違って見えるのに気づくだろう。いままでとは異なる見方で自分の問題に取り組むようになるし、人生が新たな意味をもつようになる。自分を絶えず肯定することで周囲の世界としっくりいくようになり、満足と幸福が訪れる。個性と意志力が強くなる。頭脳がより明晰になり、思考力が向上する。頭脳という思考装置に汚れを寄せつけないことで、精力的に考え、決然と行動できるようになる。

勇気を呼び、恐れを追い払うアファーメーションの力

自分の弱いところを強くしたければ、肯定的な断言をするといい。「アファーメーション」と呼ばれるやり方だ。自分はどうも勇気がないと思うなら（たいていの人がそうだが）、「私は怖いものなんか何もない。私は勇気がある。何があっても大丈夫」と絶えず断言していると、本当に勇

敢になれる。怖いというのは、たんに危険だという意識の問題だから、自分は絶対に大丈夫だという自信がつけば、怖がる理由がなくなるわけだ。

怖いという気持ちに襲われるたびに、自分にこう言い聞かせる。「私は勇気がある。何も怖くない。怖いと思うのはただの空想で、そんなものは実在しないのだから。そこに気づかなかったから勇気がでなかっただけだ」。エマソンもこの効果を知っていた。「絶えず肯定することで自分を勇気づけなさい。悪いところをののしるのではなく、よいところの素晴らしさをくり返し高らかに語るのだ」

現実に起きてほしくないことは、心に寄せつけない決心をしてほしい。毒のある考えや、心が暗くなるような思考は、物理的な危険を人が本能的に避けるように機敏に避けなければならない。ぎすぎすした気分や不満感や、自分が弱いとか哀れだといったネガティブな気持ちは、陽気で明るい楽天的な考えと入れかえる。好ましく快適なものに目をとめ、うれしさや幸福感や、なごやかな気分をもたらす言葉や考えをつとめて頭に置いたり口にしたりする習慣をつける。驚くのは、そうしていると少しのあいだに思考の方向がすっかり変わってしまうことだ。考えが変われば気持ちも変わる。そして勇気と自信がわけば、もう勝ったも同然だ。

セルフトーク

第1章でも述べたように、怖いという気持ちがわいてきたら、セルフトークで自分を激励すると決意を新たにすることができる。セルフトークは、これまでの成功体験といった確たる証拠をしめして心の中から疑いを追い払う簡単な方法だ。だから証拠が強力で、説得力があるほど効果も大きい。セルフトークは誰もがときどき試みるべき内なる対話だ。それは自分の思考という、本来はつねに自分が支配できる唯一のものに対して、支配力を取り戻す道具でもある。

じっとしていると疑いと不安がわき、動けば自信と勇気がわく。恐れを克服したいなら、家に閉じこもってぐずぐずと考えていてもらちは明かない。外に出て、忙しく働くことだ。

デール・カーネギー

優柔不断を追い払え

失敗や、残念な結果を招く大きな原因の一つが優柔不断だ。起業家の多くはここ一番というときには、少なからぬリスクを負い、いさぎよく決断することによって運を開いている。一方、世間の失敗は、迷ったあげくの判断ミスと無用の優柔不断が招いていることがとても多い。自分のやりたいことがわかっている人は、決してぐずぐずしない。優柔不断な人間は、他にどんな強みがあっても、人生のレースでは置いていかれる。

優柔不断な人――わけもなくぐずぐずする癖があったり、自分がどうしたいのかわからなくて、考えが二転三転してなかなか決まらないような人――は決してリーダーにはなれない。リーダーには、たとえ他に何もなかったとしても、自分の考えがなければならない。ほしいものがはっきりわかっていて、それに直行できなければならない。ときには失敗したり、つまずいたりするかもしれない。しかし彼らはすぐさま立ち上がって前進する。

決断の早い人は、失敗しても何とかなるものだ。なぜなら何度失敗しようと、彼らは臆病で、優柔不断で、道をあやまるのが怖くてどんな行動にも踏み切れない人よりも、ずっと早く立ち直るからだ。確実なものを待ちつづける人や、誰かが背中を押してくれるのを川岸に立って待っているような人は、いつまでたっても向こう岸に着けない。

決定を下すのが怖くてしかたがないという人は大勢いる。彼らは結果がどうなるかがわからないから決断に踏み切れないという。もしもいま決めてしまったら、明日にもっといいものが現われて、あわてて決めたことを後悔するのではないかと。こういう習慣的な優柔不断は自信喪失を招くばかりで、大事なことが自分では何も決められなくなってしまうのがオチだ。決断できないという致命的な癖をつけてしまったために、多くの人が本来のすぐれた人格を損なっている。

英語のなかにこれほど際立って聞こえる言葉は他にないだろう。それは"I will"《アイウィル》――「やります」だ。その豊かでなめらかで、なお凛とした響きには、それを口にした人の強さと深さと確かさと、決意と自信と勇気といさぎよさがこもっている。その言葉が私たちに語るのは、苦難をこえての成功、失望の向こうの勝利、約束する意志と実行する強さ、冒険する勇気、ほとばしる熱意、そして行く手をはばむすべてのものを征服せんとする大いなる衝動だ。

まとめ

◆大きな成功をおさめた人々は世間の予測をものともせず、自らの判断で、危険な水に勇気をもって飛び込んでいる。

◆有能な経営者は成功の可能性を最大限に高めた上でリスクを負う。リスクを負わなければ、震えるほどの勝利の喜びは決して経験できない。

◆これが自分の使命だという信念が人生を動かしているときは、恐れるものは何もなく、成功は何ものにも妨げられない。

◆勇気をふるうことをおぼえるには、人生において実際に勇気をふるうことだ。レフ・ワレサやリチャード・ブランソンといった偉大なリーダーを手本にすれば、勇気のふるい方がわかる。
◆アファーメーション（自分への肯定的な断言）の力を知ると、人生が革命的に変わる。

第8章 立ち直る力を養う

新しいアイディアを試す、新規事業に乗り出す、あるいは前例のないやり方で問題解決に取り組むといったときは、失敗が心配なことが多い。失敗を恐れるのは人間の特性だ。挫折の苦しみを味わいたい人間はどこにもいない。しかし思い切ってやってみないことにはどんな成功もありえないし、どんな試みにも、失敗のリスクはついてまわる。

人は失敗から学ぶ

誰でもこれまで生きてきたなかで、いろいろなことを試して失敗している。それでも失敗から学び、学んだことを役立てて、その失敗を乗り越えている。新しい何かを試すときは成功しないことのほうが多い。幼いトリシアが初めてジグソーパズルに挑戦したときも、途中で行き詰まって泣き出してしまった。パズルのピースがどうやっても収まらない。それでも母親の助けによって気を取り直すと、がまん強い彼女はだんだんピースの形がわかるようになって、失敗はほどなく成功へと変わった。ジョニーが初めてバッターボックスに立ったときも、彼のバットは飛んでくるボールをかすりもしなかった。三振、三振、また三振。しかしついに空振りをヒットに変えるコツをつかむ。

経験とノウハウがあるときでさえ、つねに成功するとはかぎらない。失敗は必ずあるが、失敗したという気持ちに負けてはいけない。人は失敗から学ぶ。重要なのは学んだことを役立てて、その失敗を克服することだ。

メーシーズ百貨店の創業者R・H・メーシーは、若いころ七度も店をたたんだが、ただの「失敗者」にはならなかった。学んだことを活かして試行錯誤を続け、やがて米国最大の百貨店チェーンを築き上げる。ベーブ・ルースは生涯に一三三〇回も三振したが、そんな記録は誰もおぼえていない。そこから七一四本のホームランが生まれたからだ。

怖くてやりたくなかったことに思い切って手をつけて、
最後までやりとおす。
これがいままでに知られているなかで、

いちばん手っ取り早くて確実な恐怖心の克服法だ。
デール・カーネギー

失敗の原因を探す

トーマス・エジソンもあきらめない人だったが、ただねばり強いだけではなかった。実験が失敗に終わるたびに原因をとことん究明して、解決策を探した。

失敗と落胆を乗り越えてきたのは偉大な発明者やスポーツのヒーローだけではない。誰でも職場や私生活でときどき失敗するのがふつうだし、それを乗り越えていかざるをえない。

ジャスティーンはショックだった。自分が推薦した新方式で賃金計算がスピードアップするものと信じていたのに、かえって能率が落ちてしまったのだ。部長の苦言に追い討ちをかけられ、ますます自分が愚かに思われた。だがあきらめるわけにはいかない。うまくいかない原因を調べると、新方式のアイディアそのものにではなく、実施のしかたに問題があることがわかった。そこで新しい手順に合わせてスタッフを訓練し直したところ、ねらいどおりの結果になり、失敗はみごと成功に転じた。

リスクの最小化

新しいアイディアにはリスクがつきものだ。前回うまくいかなかったアイディアは、つぎのときもうまくいかない可能性が高い。ポールは、会社が新たに開発した商品のためにユニークな販売プランを立てたものの、計画を頓挫させるような不測の事態がいろいろ起きそうなことが心配だった。

そこで、どんな事態が発生するかを調べるために、まず三つの都市で試験販売をすることにした。その結果を見てから全国展開に踏み切ろうというわけだ。案の定、各都市の試験販売から問題の起きそうな領域が浮上し、対策が必要なことがわかった。おかげで全国的なキャンペーンがスタートしたときには、予測されるほとんどの問題にすでに手が打たれており、成功の見込みは格段に大きくなっていた。

代案を用意する

ピーターは新しいプログラムを開発した。だがもしそれがうまく作動しなかったり、順調に作動するまでに時間がかかったりしたら、会社は重大な損失を被ることになる。彼は自分のアイディアがすぐれているのを確信していたが、なにしろ前例がなく、試されたことがない。またもし失敗したら、それから原因を調べて調整しているだけの時間はないだろう。直ちに事態を立て直す必要がある。

新しいプランに万一問題があった場合に自分と会社を護るための対策として、ピーターは代案を用意した。それは第一の案ほど画期的でもないし効果もねらえない。だが少なくとも当座の解決策にはなるはずだ。だから第一の案がもしも失敗しても、取り返しがつかないようなことにはならない。代案を使っているあいだに原因を調べ、追加の措置を講じれば、巻き返しは可能だ。

めげない心をつちかう

プランやアイディアが失敗すると、落胆して投げ出してしまう人も少なくない。失敗は起きるもの、挫折は誰でもときどきは味わうものと覚悟しておく必要がある。

アンドレアは打ちのめされた。事態を解決できると思って提案したことなのに、何をどうやってもうまくいかない。「失敗した。私はもうおしまいよ」と彼女は思った。「もともと私には無理だったのよ」

もしもこのまま気分が変わらなかったら、アンドレアはずっとつらいままだし、別の方法を考えてやり直そうという気力もわかないだろう。誰でもときどきは失敗するし、それは決して恥ずかしいことではないのを私たちは肝に銘じておくべきだ。「挑戦に失敗はつきもの。挑戦なきところに進歩はない」とセルフトークで自分を激励するのも効果があるだろう。

いままでの成功をすべて思い出すといい。何度も失敗したあげくの成功も少なくないはずだ。そしてあのときできたのだから、こんどもきっとできると自分に言い聞かせる。失敗はいっときのことだ。かつて乗り越えられたのだから、こんども必ず乗り越えられる、そしてきっと成功すると何度も何度も言い聞かせるといい。

部下には失敗する権利がある

管理職や監督者にはべつの責任がある。部下の失敗を何とかしなければならない。部下の不首尾に落胆するのは仕方がないとしても、つい叱り飛ばしたり、悪くすれば「おまえなんかクビだ!」と口走ったりするかもしれない。上司の軽率な言動は、本当は優秀かもしれない部下に意欲を失わせるし、本人を失うことにもなりかねない。

IBMのある中間管理職が重大な判断ミスをして、会社に一〇万ドルの損害を与えた。トーマス・ワトソンのオフィスへ呼び出された彼は、てっきりクビを言い渡されるものと思った。初代の社長だったワトソンは、その会社を今日のような巨大企業に育て上げた人物だ。「すみません、すべて私の責任です」と彼は社長に告げた。「クビですよね」

「冗談じゃないよ」とワトソン。「きみの教育に一〇万ドルも投資したんだよ、せいぜい勉強して、仕事で取り戻してもらわないと」

部下の成長を願うなら、彼らに失敗する機会が必要なことを管理職は認識するべきだ。さもないと、新しいやり方や、画期的な方法や、あるいはいままでとは異なる手段に出るのが怖いままになる。といってもこれは失敗やミスや出来の悪さを不問に付して、彼らの意欲を保てという意味ではない。彼らが成功できるように教育するのが管理職のつとめだということだ。

部下を立ち直らせる六つのステップ

デール・カーネギー・トレーニングでは、失敗したスタッフをできるだけ早く立ち直らせる六つのステップを教えている。

1◆ラポールを築く

まずは話し合いの相手と共通認識をもつことをめざす。ラポールを回復する。ラポールとは気心の通じる間柄のことで、長期にわたるフェアなあつかいから築かれるような相互の信頼関係をいう。面談のさいには、まず相手の気持ちがほぐれるような言葉をかけて不安感を緩和し、ざっくばらんに話し合えるようにする。相手に共感をしめし、打ち解けたやりとりから自然に本題に移る。

2◆〝クッション〟を置く

本題に入るときには、唐突でないように、また相手が防衛的にならないように注意する。〝クッション〟になる言葉を使うと、ラポールをつくる打ち解けた会話から話し合うべき問題へ、不快感を招かずに移行できる。

「あれはいけないね」といきなり切り出すのではなく、「きみがこの問題をなんとかしようとしているのはわかっているよ。そこで提案だが……」と話をつなぎ、どんな改善が可能かを告げる。

3◆「人」ではなく、「問題」に焦点を合わせる

話し合うのはあくまでも「問題」についてで、「人」についてではない。「きみは…」「あなたは…」という言い方をせず、問題を客観的に話し合う。まちがっているのは行動で、その行動を取った人間ではない。本人に事情を説明させるチャンスを与え、その問題についてこちらが何を知っているかも伝える。話をじっくり聴き、本人が責任を認めているのか、それとも他人を責めたり、責任逃れをしようとしているのかを判断する。目的はあくまでも事実と情報を収集し、問題と、なぜそれが起きたかを正確につきとめることだ。結論を急がず、質問して相手に考えさせる。そうすることで防衛的になるのが防がれるし、新たな見方も浮上する。そうやって問題の根本的な原因をつきとめる。

4◆解決策をともに探す

このステップでは事態の修復、同じ過ちの再発防止、そして本人の立ち直りをめざす。再発防止のシステムをつくることも考える。できるだけ本人に話をさせ、反応を観察する。本人が責任を受け入れているか、逃れようとしているかで対応は異なる。責任を受け入れている場合は、適切な質問をして答えを聴き、事態を修復する方法を自分で提案するように指導する。そうすることで本人が問題分析と意思決定のプロセスに参加できる。解決策の提供に参加できると、実行により意欲的になることが多い。

責任を逃れようとしている従業員に対しては、どういう業績が当人に期待されているかを再認識させる必要がある。事態に対する責任を受け入れるように、また仕事への責任感が回復されるように指導する。本人が話を十分に理解したかどうかを確認し、合意を見出す。

5◆意欲を回復させる

このステップでは「人」に取り組む。過ちをおかした人間は多かれ少なかれ引け目を感じているので、つぎの仕事に自信をもって取り組めないことが多い。そういう部下が気持ちを切りかえられるように手助けする必要がある。

上司はその部下が組織にとって重要な人間であること、支援と励ましを惜しまないことを告げ、本人を安心させる。部下は組織とのきずなを感じ、高い業績を上げたいという意欲をもって面談を終えなければならない。部下は高い業績を回復する決意のあることを、上司は従業員を成功させる決意のあることを断言する必要がある。

6◆責任感をもたせる

部下は責任感を新たにし、会社から何を期待されているかを理解して面談を終えなければならない。

上司はときにはその部下が、目下の業務、企画、部門などに適性をもたないことに気づくかもしれない。その場合は本人の長所や関心事や目標などを探り、社内のより適した職場を探す必要が生じる。このままでは自分は決して成功できないと感じるような状況を長引かせることは、彼らにとっても会社にとっても不当な措置だ。ただし彼らをその職務から外すのは、業績向上のための指導が効果を表わさないときの最後の手段にしなければならない。

へこたれない強さと新発想

努力しても必ず成功するとはかぎらない。成功の喜びは、いつも失敗のつらさと隣り合わせだ。だが失敗を建設的にあつかえば、それが成功に変わることも少なくない。

自動車会社のフォード社をクビになったとき、リー・アイアコッカはその職業人生のどん底に落ちた。しかしこの敗北は、クライスラー社のCEO（最高経営責任者）という新たな立場で見事に挽回される。彼がどうやって挫折を勝利に転じたのかは有名な話だ。自伝によれば、新しい仕事についたとたん、もっと大きな敗北の危機にみまわれる。クライスラー社が倒産寸前に追い込まれたのだ。小さい人間なら、またしても失敗する前にさっさと逃げ出していたかもしれない。だが彼は革新的なアイディアと不屈の精神でこの危機に立ち向かい、見事に勝利する。

クライスラー社の経営を引き継いだとき、アイアコッカはその会社の立て直しには巨額の資金が必要なことを知った。一九七九年、彼は政府の債務保証を米国連邦議会に願い出る。それは前代未聞の行動と評された。だが彼は航空会社や鉄道会社に対して政府が緊急援助を行なったことを指摘し、もしもクライスラー社が倒産すれば、もっと多くの失業者が出ると論じた。この訴えは議会を説得して申し入れを承認させ、クライスラー社は米国政府から十数億ドルの債務保証を取りつけることに成功する。

アイアコッカはフォード社時代、小型車の導入を主張したが、拒絶にあっていた。クライスラー社は提供された資金を使い、小型車の製造に着手する。一九八〇年から八二年の深刻な経済不況のさなかに発売された安くて効率のいいコンパクトカーは、飛ぶように売れた。

この成功に勢いを得たアイアコッカは一九八三年、世界初のミニバンを市場に投入する。それから四半世紀を経たいまでも、その車種は世界八〇カ国以上で販売され、クライスラー社最大のヒット商品だ。

コンパクトカーとミニバンと、そしてアイアコッカが推進した社内改革の効果で、クライスラー社の業績はまたたくまに回復し、政府が後ろ盾となった借款は、予定より七年早く完済された。

方向を転換する

ドンは才能ある音楽家だった。夢は一流のコンサートバイオリニストになること。権威あるジュリアード音楽院を卒業後、大きなコンテストに何度か挑戦した。しかし最終グループには、ついに一度も残れなかった。こうした修業の日々のはてに彼は悟った。自分は優秀な弾き手ではあっても、ソロとしてやっていくには何かが欠けているのだと。このとき、ほどほどのところで手を打つこともできただろう。オーケストラの団員になれば、身分は安定するし才能も活かせる。しかしドンはこの分野でどうしても頂点に立ちたかった。その他大勢の音楽家の一人になるのは嫌だった。

入念に選択肢を研究すると、レコード会社の製作現場には音楽の知識のある人間がまったく不足していることがわかった。大手のレコード会社にアシスタントプロデューサーとして雇われ、クラシックレコードの製作部門に身を置くと、才能と知識に物を言わせてみるみる昇進し、ほどなくその部門のトップに立った。

数年後、ドンはふたたび危機にみまわれる。採算のとれないクラシック部門が経費節減のための組織再編で切り捨てられたのだ。ドンはリストラの対象となり、ふたたび方向転換を余儀なくされる。このとき彼が選んだのは、自ら「製作コンサルタント」の看板を掲げ、もとの雇い主や他のレコード会社にサービスを提供するというビジネスだった。クラシック・レコードの製作に大きな実績のある彼が、フリーの音楽プロデューサーとして一流と呼ばれるようになるのに時間はかからなかった。

ドンは二度の危機のどちらのときも不運を嘆かなかった。自分の強みを分析して、才能を最もよく活かせるように方向転換をはかることで挫折を成功に変えたのだ。

目標の見直し

入学願書を提出した医学校の最後の一校から不合格の通知を受け取ったとき、クリスティンは途方に暮れた。幼いころから医師になるのが夢だった。大学の科目も医学校進学をねらったものにした。優等生だったし、進学には何の問題もないはずだった。ところが肝心の科学系学科の成績が、医学校から要求される最低点より低かったのだ。

二日間泣き暮らしたあと、彼女はいまからどうするべきか何らかの決定を下さなければならないと思った。医学の領域でのいろいろな選択肢を検討した。外国の医学校に願書を出すか、このさい思い切って医療関連の分野で職を探すか、それとも科学系の学科をやり直して成績を上げ、不合格になった学校にもう一度願書を出すか。これだと思える案は見つからなかった。胸に手を当てて考え、友人や両親や学校のカウンセラーとも話し合ってわかったことは、科学系学科の成績が悪いのは能力がないからではなく、本当はあまり興味がないからだということだった。彼女が真に興味をもつものは、年月を経て変わっていた。しかしその変化は「あこがれの職業」には反映されていなかったのだ。

人生の目標を考え直し、職業指導のカウンセラーにも助けられて、クリスは自分にいろいろな才能があること、いくつかの領域に道は開かれていることを理解した。人生のその時点での目標変更は、おそらく彼女を救っただろう。さもなければ決して幸福にはなれない道へと踏み出していただろうから。

かつて成功した場所へ戻る

会社の財務分析担当者として何年もチーフをつとめたジョエルは、あるとき経理部長に昇進する。しかしその新しい職が自分の手に余ることに気づくのに時間はかからなかった。彼は数字をあつかってこそ強みを発揮した。だがいまや仕事の大半は人をあつかうことだ。監督する部下は会計士と、コンピュータのオペレーターと、事務職員の総勢四〇名。一日の大半が他の管理職や、銀行などの金融機関の人間や、自社の幹部たちとの会議に費やされた。最初の一年が終わるころにはたびたび重役から呼び出され、部の業績悪化を注意される始末。

もう辞職して、他の仕事を探すしかないと思い詰めていたある日、本社の経理担当役員がジョエルのオフィスに現われた。「ジョエル、きみは財務分析にかけてはわが社で右に出るものがなかった。きみの分析は素晴らしかったよ。だがいまの仕事はうまくいっていないようだね。なんなら昔の仕事に戻ってみたらどうだい。そのほうがきっと楽しいと思うし、会社にとってもありがたいんだがね」

逆戻りはふつう敗北とみなされる。レベルの高い仕事は無理だったという意味になるわけで、自尊心が傷つくことも多いだろう。だが昇進したはいいが仕事が性に合わなかったという人は世間にいくらでもいる。人はそれぞれ長所も違えば短所も違う。私たちは何にでも、どんな人間にでもなれるわけではないのだということを受け入れるべきだ。ジョエルも以前の仕事に戻ることで、会社と自分自身の両方にとって「重要な人間」に戻ることができた。

チャールズ・ケタリングは自動車のセルフスターターをはじめ、いろいろな装置を考案した大発明家だが、あるとき自分の会社をゼネラル・モーターズ社に売却し、そこの副社長に指名されて、いくつかの業務を担当することになった。しかし経営者としての手腕はまるでなく、担当部門の成績は社の設定した基準に遠くおよばなかった。ケタリングはついに管理職を解任され、発明に専念することになる。すなわち最も得意とする仕事に好きなだけ打ち込めるようになったわけで、これは彼とゼネラル・モーターズのどちらにとっても最も幸福なことだった。

失敗したからといって落ち込んだり嘆き悲しんだりする必要はない。失敗の理由を分析して、どこを変えればよいかがわかれば、成功への道はきっと開かれる。

失敗から成功を育てなさい。
失望と失敗は、最も確実な成功への踏み石だ。
デール・カーネギー

昇進の考え方

ヴィクターは入社したとき、五年以内に支店長になるという目標を立てた。だが四年目に入ったいまでも目標は相変わらず遠い先だ。がっかりした彼はやる気を失い、何か奇跡が起こって急に風向きが変わらないかと夢想したり、なんて運が悪いんだと嘆いてみたりの毎日をおくっている。

ヴィクターはなぜ目標を達成できないのか？　おそらく景気が悪いとか、社内の競争がとりわけ厳しいといった彼にはどうすることもできない状況のためだろう。さもなければ割り当てられた仕事で十分力量をしめせなかったのかもしれない。もし前者の理由なら、目標を立て直すとか、もっと条件のいい職場を探すといった方向転換が必要かもしれない。

◆◆◆昇進は自ら勝ち取る

昇進できないのは外部的な要因のためではないかもしれない。ヴィクター自身が昇進を勝ち取ろうとしていないのかもしれない。ただまじめに会社に来ているだけでは昇進へのハードルはこえられない。彼は自分の仕事ぶりを見直して、どうしたら向上するかを上司とも相談し、つきたい地位への道を開くような追加的な教育を受ける必要があるかもしれない。

メレディスは落胆した。上司が退職し、自分がその地位に昇進できるものと信じていた。なんといっても部では最古参だし、仕事もつねに完璧だ。しかし彼女に昇進の声はかからず、おまけに会社は、部の仕事については何も知らない部外者をその地位につけた。自分は不当にあつかわれたとメレディスは思う。

なぜメレディスは昇進できなかったのか？　会社がリーダーを選ぶときは、勤務ぶりや信頼性や力量を考慮するのはもちろんだが、人柄も重視する。たんに仕事ができるだけでなく、人の上に立つ人間だとわかる何かのある人を選ぶ。日常の業務をただこなすだけでなく、それ以上のことを喜んでするることが証明されている人々を選ぶ。

◆求められる以上のことをする

近く退職する中間管理職のレオは、副社長のジャックと面談した。業務引き継ぎについての話が終わったとき、レオがこう切り出した。「じつは長年心に引っかかっていたことがあります。ずっと気になっていましたが、もし退職するのでなかったら、あなたにたずねる勇気はなかったでしょう。あなたと私はほぼ同じ時期に入社した。だがあなたはいまや副社長だし、私はごらんのとおりです。私のどこがいけなかったんでしょう。仕事はきちんとやりましたし、上司の評価もつねに上々でした。言われたことは何でもやったし、うまくやりました。あなたにできて、私にできなかったことって何でしょう。なぜこんなに差がついてしまったんでしょう」

「レオ、きみはもう自分の質問に答えているよ。きみは言われたことは何でもやった。だがそれだけしかしなかった。私は自分のやるべき仕事をやっただけじゃない。昇進できたのは、それ以上のことをしたからだ。誰もやりたがらない仕事を買って出たし、何か思いついたら重役に売り込みにもいった。もちろんリスクも負った。プランが役立たなければ会社に損をかけるからね。じっさい失敗もした。だけど結局のところそうやって私は会社に必要な人間になった。配属された部署で自分にできることはすべてやり尽くしたと思ったときは、べつの部署へ異動を願い出た。この会社についてもっと学んで、べつのかたちでも貢献したいと思ったからだ。自分のやるべき仕事をちゃんとやるということは大事だし、すべての基本だ。だけど上役の目に留まるには、それだけやっていてもだめなんだ。誰を昇進させるか決めるときには、求められる以上の仕事をしてくれる人間を選ぶだろうね」

レオやメレディスのような人はとても多い。たぶんヴィクターもそんな一人だろう。自分の仕事はきちんとこなし、それで十分だと思っている。それは大事なことではあるが、ジャックが言うように、本当に昇進したければ、そこからが勝負だ。

昇進できなかったときに自問すべき一〇の問い

他人が昇進したのに自分は取り残されるといったことがあったら、つぎのチャンスに考慮の対象になるにはどうしたらいいかを真剣に考えるべきだ。つぎの一〇の質問が手がかりになるだろう。


1◆いまの仕事をもっと会社の役に立つものにするにはどうしたらいいか。

2◆いましていること以外に、何か会社のためになることができないか。

3◆部内の仕事がもっとうまく進むようにするにはどうしたらいいか。

4◆いまの仕事のなかに、それを学ぶことで自分がもっと組織に役立つ人間になれるような新しい側面やべつの側面がないか。

5◆もっと責任を負いたいことを上司に知ってもらうには、どういう手順を踏むべきか。

6◆他の部署がやっていることから、何か自分の目標に役立つことを学べないか。

7◆いまの仕事で自分にできることをやり尽くしたら、他にできる仕事が組織内にあるか。

8◆他人がやりたがらない仕事で、買って出てもよいものがあるか。

9◆部下の成績を上げることによって自分も管理職として業績を向上させるにはどうするか。

10◆管理者として地位向上の資格を得るためならどんな努力も、犠牲も、リスクもいとわない覚悟があるか。

運命は自分で開く

挫折を組織のせいにしてはいけない。本当に組織のせいでないかぎり。なぜ目標を達成できないのかを真剣に考え、障害となっている何か、克服すべき何かがあるのがわかったら、いましていること以外に何をしたらそれを克服できるのかを見つけ出すことだ。よい働き手であるだけでなく、抜きん出た従業員になるよう積極的な努力をすることで、成功への道はおのずと開かれる。

誰でも、どうしてもとなったら、どんな災難にも悲劇にも耐えられるし、打ち勝つことができる。

そんなことはとても無理だと思うかもしれないが、
私たちには驚くほど底力があるものだ。
そういう力が引き出せさえすれば、
どんな難局でも切り抜けられるだろう。
人間は思いのほか強いのだ。

デール・カーネギー

敗北から立ち直る方法

仕事でも人生の他の場面でも、ひどく落胆して意欲を失い、自信喪失におちいるというのは少しもめずらしいことではない。だがそうなったら、なるべく早く手を打たないと、敗北感や自己憐憫、不幸感が根づいて、傷はもっと深くなるかもしれない。

「このお客さんを失ったら、ぼくはもう立ち直れない」とクライドは肩を落とした。ここ数年間、最大の得意先として彼の売り上げの三〇パーセントを占めていたリンカーン・マニファクチャリングが、トレドの工場を閉鎖して、今後はヒューストンの工場に操業を一本化するというニュースがいましがた届いたのだ。

それから何週間かクライドはその損失のことが頭を離れず、意気消沈したままだった。上司の販売部長は彼にはっぱをかけ、新しい顧客を開拓すればすぐに取り返せるよと励まして、売り込めそうな会社のリストまで与えたが、彼の気分は晴れなかった。たとえそういう会社を訪問しても、プレゼンテーションに気合が入らず、自信のなさが相手に伝わってしまうので商談はまとまらない。そういう新たなしくじりに追い討ちをかけられ、事態はいっそう悪化した。クライドはうつ状態におちいり、セールスの仕事はあきらめて、他のもっとらくな仕事を探そうと思い詰めるようになる。

現実的で達成可能な目標を設定する

クライドは大変な努力のすえにセールスパーソンとして成功した。そういう貴重な年月をむだにするのはまちがいだ。彼は販売部長の励ましのおかげで深刻な喪失のあとの「悲嘆」の段階をどうにか抜け出すと、やがて顧客を失ったのは自分の力量とは何の関係もないという事実を受け入れた。自分はいまでもリンカーン・マニファクチャリングや他の多くの顧客を獲得したのと同じ闘志と同じ能力をもっている。いま必要なのは、自信と熱意を取り戻して新たなスタートを切ることだ。自信は売り込みに成功することでしか取り戻せない。そう彼は考えて、自分のために新しい目標を立て、上司に相談した。

「売り上げの件ですが、ぼくは半年で取り返したいと思っています」

「それはすごいね。どういう計画なの？」

「ただがんばるだけですよ、時間のかぎり、体力のかぎり。そうすれば何だってできますよ」

「うれしいね、そんなふうに思ってくれて。だけどマーケットを調べて現実的な目標を立てようよ。目標が高すぎると大変だからね。いまは低めの目標を設定して確実に達成するほうが大事だよ。そこから徐々に上げていけばいいんだから」

上司の助言は正しかった。立ち直るのに最良の方法は、新しい成功をおさめることだ。目標が高すぎると達成がむずかしい。現実的で達成可能な目標を立てれば、達成のたびに自信がついていく。

自分の能力に対して証明書を与える。それによって、つぎのステップへの堅固な土台が築かれる。そして成功が成功を生む。上司のアドバイスのおかげでクライドは損失を埋めることができただけでなく、それから数カ月のあいだに売り上げを増加にさえ転じていた。

過去の成功に注目する

メアリベスの結婚は悲惨だった。別れた夫は彼女をひっきりなしにののしり、さげすんだ。明るい自信に満ちた女性は、いつしか脅えた目をした暗い敗北主義者に変わっていた。

結婚したのは大学卒業と同時。教職に就くつもりだったが、夫に銀行の事務員になるよう説得された。もう少しましな仕事ができると思ったが、責任の重い仕事はとても無理だと決めつけられた。夫は彼女のやることなすことに文句をつけ、妻をさげすむことで自尊心を満たした。彼女が離婚して人生をやり直すことにしたのは三年後のことだ。

思い返せば自分がいちばんのびのびして幸せだったのは大学時代だったと彼女は思った。地元の大学の継続教育コースに入学した。通学し、授業を受け、研究レポートを提出して「優秀」の評価をもらう。そんな日々を過ごすうちに「優等生」という自己イメージが息を吹き返した。これに勇気を得て、大学院へ進学する。そこでも優秀な成績をおさめた彼女は、修士号を取得すると同時に大学から教員として迎えられた。

過去の成功に注目し、その体験をくり返すチャンスを探す。メアリベスはそうやって失意のどん底から這い上がり、幸福で満足な人生を見事に取り戻したのだった。

「心配」を「関心」に変える

カルロスは眠れなかった。心配で病気になりそうだった。一週間後には新しい上司がやってくる。まったく知らない人間だ。前の上司とはとてもうまくいっていた。だがその人が退職したとき、古参の誰かがそのポストに昇進することにはならず、外部から人が招かれたのだ。「すごく厳しいやつだろうな。ぼくなんかきっと気に入られないよ」

カルロスは何日も眠れない日が続き、仕事も手につかないありさまだったが、ふと気がつくと、友人で同僚のトニーは平気な顔だ。「トニー、きみはこんど来る上司のことが心配じゃないのかい？」

トニーは首を横にふった。「もちろん関心はあるさ。この職場を変えようと思えば変えられる人だから。でも心配はしていない。最悪の場合、何が起きるか考えた。ぼくがクビになるってことだ。でもそうなっても、ここでいままでやってきた経験があるから、他で雇ってもらえるだろう。だいいちクビになる理由もないしね。いままでもがんばってきたけど、これからも全力でやるつもりだ。もし何かが変わっても、それに合わせて何とかやっていけるだろう。万一だめだったら、他を探すだけのことさ。だから悩んでなんかいないよ」

カルロスはなるほどと思い、ふいに気がらくになった。するともう心配事に気を取られずに仕事ができたし、その晩から眠れるようにもなった。もちろん新しい上司のことがまったく気にならなくなったわけではない。しかしトニーに教わった、不必要に悩まないという心の持ち方を思い出せば、落ち着いて明日を待つことができた。

憂うつな気分を吹き飛ばす

私たちは誰でも体内に立ち直る力を秘めており、ものごとがうまくいかないときの憂うつな気分も必ず克服できる。実際の問題を解決する努力は誰でもするが、それと同時に、暗く沈んだ気分を追い払う意識的な努力も必要だ。心の落ち込みは体力やエネルギーを奪ってしまうことがある。

ブルーな気分に襲われても、希望を曇らせてはいけない。太陽はいつでも明るいオレンジ色に輝いている。鉛色の雲にたとえいっとき隠されようと、その雲の裏側は太陽の光を受けてつねに銀色に照り輝いている。光の中へ抜け出る道は、青ざめるほどの妬みや赤らむほどの怒りに妨害されるかもしれないし、疑り深い黄信号に足止めされるかもしれない。バラ色の心に戻るには、目標を水晶のように透明な光のなかに思い描き、情熱という紅の炎であおることだ。そうすれば白熱する決意と意志が、問題を乗り越えさせてくれるだろう。目標への道をはばんでいた黒々とした落とし穴を飛び越えれば、人生は暗い灰色から輝く黄金色へと変わる。

まとめ

◆努力しても成功するとはかぎらないが、人は失敗から学ぶことができる。
◆ときどき失敗することは覚悟しなければならない。大切なのは失敗したからからといって落胆しないように自分を鍛えておくことだ。

◈失敗した部下を立ち直らせる六つのステップ

・ラポールを築く
・〝クッション〟を置く
・「人」ではなく、「問題」に焦点を合わせる
・解決策をともに探す
・意欲を回復させる
・責任感をもたせる

◈方向転換や目標を見直すことで、失敗への道を成功への道へ変えることができる。

◈成功するには、ただきちんと仕事するだけでは十分でない。真に抜きん出るには、期待される以上の仕事をすることだ。

◈立ち直るための最良の方法は、新たな成功をおさめることだ。現実的で達成可能な目標を立てる。過去の成功に着目して、その体験を繰り返せるような機会を探すのもいい。

デール・カーネギーの原則

人にもっと好かれる人間になる三〇の原則

1◆批判しない。非難しない。小言を言わない。

2◆心からほめる。正直にほめる。

3◆人を心からそうしたいという気持ちにさせる。

4◆人に心から関心をもつ。

5◆笑顔を忘れない。

6◆名前はその人にとって、他の何よりも心地よく聞こえる言葉であることを忘れない。

7◆よい聴き手になる。人に自分についての話をさせる。

8◆相手が興味をもっていることを話題にする。

9◆相手に自分は重要な人間だと感じさせる。心からそうつとめる。
10◆議論に勝ちたければ、議論しないことだ。
11◆人の意見に敬意をしめす。「あなたはまちがっている」と決して言わない。
12◆自分がまちがっていたら、直ちにはっきりと認める。
13◆話は愛想よく切り出す。
14◆即座にイエスと答える質問をする。
15◆心ゆくまで話をさせる。
16◆これは人から押し付けられたのではなく、自分の考えだと思わせる。
17◆相手の立場でものを見ることに真剣につとめる。
18◆考えと欲求に共感する。
19◆高いこころざしに訴える。
20◆アイディアをドラマティックに演出する。
21◆チャレンジ精神に訴える。
22◆まずほめる。正直にほめる。話はそれからである。
23◆ミスは直接指摘せず、間接的な方法で当人に気づかせる。
24◆他人を批判するまえに、自分の失敗談を打ち明ける。
25◆命令するかわりに質問する。

26◆相手の顔をつぶさない。
27◆進歩はどんなにわずかなものでも、そのつどほめる。
「心からうなずき、惜しみない賛辞をおくる」ことを忘れない。
28◆高い評価を与え、期待に応えさせる。
29◆励まして、欠点は容易に直せるという気持ちにさせる。
30◆こちらの提案に喜んで従える工夫をする。

悩みを乗り越える基本的原則

1◆今日というこの一日だけを生きる。
2◆困難に直面したら――
a◆起こりうる最悪の事態は何かを自問する。
b◆その最悪の事態を受け入れる覚悟をする。
c◆その最悪の事態が少しでもよくなるような努力をする。
3◆悩むと、その高額のツケを健康で支払うことになるのを忘れてはならない。

悩みを分析する基本的テクニック

1◆あらゆる事実を入手する。
2◆すべての事実をはかりにかけてから決断する。
3◆ひとたび決断したら、行動する。
4◆つぎの質問を書き出しておき、それに答える。
a◆問題は何か？
b◆問題の原因は何か？
c◆どんな解決法が考えられるか？
d◆最良の解決法はどれか？

悩み癖を寄せつけない六つの心得

1◆忙しく暮らす。
2◆小さいことで大騒ぎしない。
3◆めったに起きない事態を想像して取り越し苦労をしない。

4◆避けられないこととは共存する。
5◆それがどれだけ悩む価値のあることかを判断し、それ以上に悩まない。
6◆すんだことにくよくよしない。

心の姿勢を養い、安らぎと幸せを呼ぶ七箇条

1◆穏やかで、勇敢で、健全で、希望に満ちた考えで頭をいっぱいにしておく。
2◆仕返しをしようとしない。
3◆感謝されることを期待しない。
4◆幸せの数を数える。苦労の数ではなく。
5◆人の真似をしない。
6◆失敗から学ぶようつとめる。
7◆他人を幸福にする。

デール・カーネギーについて

デール・カーネギーは、今日ではヒューマン・ポテンシャル・ムーブメント（人間の潜在性開発運動）と呼ばれる成人教育活動のパイオニアである。彼の教えと著作はいまも世界中で、人々が自信をもち、人柄をみがき、影響力のある人間になる後押しをしている。

カーネギーが初めて講座を開いたのは一九一二年、ニューヨーク市のYMCAでのこと。それはパブリックスピーキング、すなわち人前で話すことやスピーチのしかたを指導する教室だった。当時のほとんどの話し方教室がそうだったように、彼の講座も、すぐれた話し方の基礎理論から始まった。しかし生徒たちはたちまち飽きてしまい、そわそわとよそ見をしはじめる。これはなんとかしなければ……。

デールは講義をやめて、教室のうしろのほうに座っていた一人の男性に声をかけ、立って話をしてくれないかと頼んだ。自分のいままでのことについて何でも思いつくままに話していいからと。その生徒の話が終わると、別の生徒にも同じことを頼み、そうやって順々に話をさせていくうちに、結局はクラス全員が自分のことについてちょっとしたスピーチをしていたのだった。クラスメートの励ましとカーネギーの指導によって、誰もが人前で話すことへの恐怖心を乗り越え、りっぱに話していた。カーネギーはそのときのことを、のちにこう報告している。「私はそれと気づかないうちに、恐怖心を克服する最良の道へと、よろめくように踏み出していたのである」

カーネギーの講座は大人気となり、他の都市からも開催を頼まれるようになった。それからの年月、彼はたゆむことなく講座を改良しつづける。生徒たちが最も関心をもっているのが、自信を高めることや人間関係の改善、社会的成功、そして不安や悩みの克服などだとわかると、講座のテーマもパブリックスピーキングから、そういうものへと変わっていった。それ自体が目的だったスピーチは、他の目的のための手段になった。

カーネギーは生徒たちから学んだことにくわえて、成功した男女が人生をいかに生きてきたかを徹底的に調査し、その成果を講座に取り入れた。そこから彼の最も有名な著作『人を動かす』（*How to Win Friends and Influence People*）が誕生する。

その本はたちまちベストセラーとなった。一九三六年の初版以来、一九八一年の改訂版と合わせて販売部数は二〇〇〇万部以上。三六の言語に翻訳されている。二〇〇二年には「二〇世紀最高のビジネス書」に指名され、二〇〇八年にはフォーチュン誌から「リーダーの本棚に備えられるべき七冊の本」の一冊にも選ばれた。一九四八年に出版された『道は開ける』（*How to Stop Worrying and Start Living*）も、数百万部の売れ行きとなり、二七の言語に翻訳されている。

デール・カーネギーと彼が創立したデール・カーネギー協会の後継者たちがこれまでに開発し指導してきたコースやセミナーは、すでに世界七〇カ国以上で、何百万人もの人々に受講され、工場やオフィスに勤める人たちから政府の高官まで、あらゆる社会階層の人々の人生を変えている。修了生には大企業のＣＥＯ（最高経営責任者）もいれば、議員もいる。あらゆる業界の、あらゆる規模の会社や組織のオーナーや管理職がいる。そこでの経験によって人生が豊かになった数え切れない有名無名の人々がいる。

一九五五年一一月一日、デール・カーネギーが世を去ると、ワシントンのある新聞は死亡記事で彼の功績をこう称えた。「デール・カーネギーは宇宙の深遠な謎の何かを解明したわけではない。しかし、人間がおたがいに仲良くやっていくすべを知るという、ときには他の何より必要と見えることに、おそらくは今日の誰よりも貢献した」

デール・カーネギー協会について

デール・カーネギー・トレーニングは一九一二年、自己改善の力にかける一人の男の信念によって始められ、今日では世界中に拠点をもつ組織となって、実践を中心にしたトレーニングを行なっています。その使命はビジネス社会の人々にスキルをみがき能力を向上させる機会を提供して、強く安定した、高い利益につながる実力を身につけていただくことです。

創業当初のデール・カーネギーの知識は、それからほぼ一世紀におよぶ実社会のビジネス経験をとおして更新され、拡大され、洗練されてきました。現在は世界に一六〇箇所ある公認の拠点を通じ、あらゆる業種、あらゆる規模の会社や組織でのトレーニングやコンサルティング業務の体験を活用して知識と技術の向上に励んでいます。この世界中から集められ、蓄積された経験は、ビジネス社会に対する深い眼識となり、日々に拡大される知恵の宝庫となって、高い業績を追うクライアントの厚い信頼を得ています。

デール・カーネギー・トレーニングはニューヨーク州ホーポーグに本部を置き、アメリカ合衆国五〇州のすべてと七五をこえる国々で講座を開いています。プログラムを指導するインストラクターは二七〇〇人以上、使われる言語は二五以上。世界中のビジネス社会に役立つことに全力をあげており、じじつ修了生は七〇〇万人にのぼっています。

トレーニングの中心となるのが実用的な原則とその習得です。独特のプログラムが開発されており、人々がビジネス社会で自らの価値を高めるのに必要な、知識とスキルと実践の場を提供しています。実社会で出会う種々の問題と、効果の証明された解決法とを結びつけるデール・カーネギー・トレーニングは、人々から最良のものを引き出す教育プログラムとして世界中から認められています。

デール・カーネギー協会では品質保証の一環として、トレーニング効果の測定・評価を行なっています。現在進行中の顧客満足度に対する世界的な調査では、修了生の九九パーセントが、受けたトレーニングに満足したと回答しています。

編者について

本書の編者アーサー・R・ペル博士は、二二年間デール・カーネギー協会の顧問をつとめ、同協会よりデール・カーネギー著『人を動かす』(*How to Win Friends and Influence People*)の改訂・編者に選任されている。『自己を伸ばす』(*Enrich Your Life, the Dale Carnegie Way*)の著者であり、一五〇の業界・専門誌に毎月掲載されたデール・カーネギー特集「ザ・ヒューマンサイド」の執筆・編集も行なった。

人材管理、人間関係改善、自己啓発にかんする著作は五〇作以上、記事は何百編にもおよぶ。またナポレオン・ヒル『思考は現実化する』、ジョセフ・マーフィー『眠りながら成功する』、ジェームズ・アレン『「原因」

と「結果」の法則』、ヨリトモ・タシ『コモンセンス』などのほかオリソン・スウェット・マーデン、ジュリア・セトン、ウォーレス・D・ワトルズらによる潜在性開発分野の古典的作品の改訂・編集も行なっている。

〈訳者紹介〉

片山陽子（かたやま・ようこ）

翻訳家。お茶の水女子大学文教育学部卒業。訳書はE・ウィナー『才能を開花させる子供たち』（日本放送出版協会）、J・キーオ『マインド・パワー』（春秋社）、F・ジョージ『「できない自分」を「できる自分」に変える方法』（PHP研究所）、A・クライン『笑いの治癒力』、A・ロビンソン『線文字Bを解読した男』、G・E・マーコウ『フェニキア人』（以上、創元社）など多数。

D・カーネギーの成長力《せいちょうりょく》

二〇一〇年九月二〇日　第一版第一刷発行

訳　者　片山陽子
発行者　矢部敬一
発行所　株式会社　創元社
〈本　社〉〒五四一-〇〇四七
大阪市中央区淡路町四-三-六
電話（〇六）六二三一-九〇一〇㈹
〈東京支店〉〒一六二-〇八二五
東京都新宿区神楽坂四-三　煉瓦塔ビル
電話（〇三）三二六九-一〇五一㈹
〈ホームページ〉http://www.sogensha.co.jp/
印刷　太洋社　組版　はあどわあく

ISBN978-4-422-10035-7 C0311